农民素质素养提升

之沟通与礼仪

李颜玲　邵　丰　胡　洋　牟素梅　廖松书　嵇克刚　主编

中国农业科学技术出版社

图书在版编目(CIP)数据

农民素质素养提升之沟通与礼仪 / 李颜玲等主编 . 北京：中国农业科学技术出版社，2025. 6. --ISBN 978-7-5116-7503-3

Ⅰ. D422. 6

中国国家版本馆 CIP 数据核字第 2025L1K908 号

责任编辑　白姗姗
责任校对　李向荣
责任印制　姜义伟　王思文

出 版 者　中国农业科学技术出版社
北京市中关村南大街 12 号　　邮编：100081
电　　话　(010) 82106638 (编辑室)　　(010) 82106624 (发行部)
(010) 82109709 (读者服务部)
网　　址　https://castp.caas.cn
经 销 者　各地新华书店
印 刷 者　鸿博睿特(天津)印刷科技有限公司
开　　本　140 mm×203 mm　1/32
印　　张　5
字　　数　120 千字
版　　次　2025 年 6 月第 1 版　2025 年 6 月第 1 次印刷
定　　价　39. 80 元

《农民素质素养提升之沟通与礼仪》
编委会

前　言

在全面推进乡村振兴战略的新时代背景下，农民素质素养的提升已成为实现农业农村现代化的关键环节。随着城乡融合发展的不断深入，农民在农业生产、乡村治理、社会交往等方面面临着新的机遇与挑战。良好的沟通能力与得体的礼仪修养，不仅是个人综合素质的体现，更是促进乡村文明建设、推动农村社会进步的重要力量。

全书分为九章，内容包括农民素质素养提升的重要性与战略意义、农民素质素养构成要素、提升农民素质素养的具体措施、情感与生活沟通、农业生产与合作沟通、政策与服务沟通、日常社交礼仪、出行与交往礼仪、特殊场合礼仪等。

本书可为从事农业工作的基层干部、农业技术人员以及关注乡村发展的社会各界人士，提供有益的参考和借鉴。

编　者

2025 年 5 月

目录

第一章　农民素质素养提升的重要性与战略意义

第一节　对农业现代化推动——加速科技转化

一、主动学习新农技，为农田注入科技活力

（一）参加农技培训，让知识落地田间

积极关注各类农技培训信息，积极报名学习相关课程。培训期间，全神贯注聆听专家讲解，从新型灌溉技术原理，到智能温室环境调控要点，都认真记录。培训结束后，及时将所学知识运用到实际农田操作中。例如，学习了滴灌技术，便在自家农田规划铺设滴灌管道，根据作物生长周期精准控制水量，让先进知识在田间生根发芽。

（二）钻研智能操作，使设备精准服务

面对不断涌现的智能农业设备，满怀好奇与探索精神。通过设备说明书、线上教程等渠道，深入研究智能播种机、无人机植保设备的操作方法。反复练习无人机的起飞、降落、航线规划等操作，掌握根据农田面积、作物种类和病虫害情况精准设定农药喷洒量的技巧，让智能设备切实为农业生产提供精准

高效服务。

（三）投身创新实践，促产业优化升级

不满足于传统种植养殖模式，积极探索创新。尝试将物联网技术引入农业生产，通过传感器实时监测土壤湿度、肥力、作物生长状况等数据，依据数据调整农事操作。结合市场需求，创新农产品品种搭配，如在同一地块轮作特色蔬菜与高附加值花卉，促进农业产业结构优化升级。

（四）探索生态模式，保农业持续发展

深刻认识到生态农业的重要性，主动探索生态循环农业模式。在自家农田旁建设小型沼气池，将农作物秸秆、畜禽粪便等转化为沼气，用于日常生活，沼渣沼液作为优质有机肥料还田，实现资源循环利用。种植过程中，采用间作套种方式，利用不同作物的生态位差异，提高土地利用率，保障农业可持续发展。

二、积极引入智能设备，开启精准农业新篇章

（一）了解设备优势，开启智能农耕路

留意农业领域的智能设备资讯，通过农业展会、行业论坛、线上资讯等渠道，深入了解智能灌溉系统、智能温室控制系统、农业机器人等设备。研究智能灌溉系统如何根据土壤墒情自动供水，智能温室系统怎样调控温湿度、光照，认识到这些设备能精准满足农作物生长需求，提升产量与品质，从而开启智能农耕之路。

（二）学习操控技巧，精准把控农务事

购置智能农业设备后，认真学习操作技能。参加设备厂家

组织的操作培训，向技术人员请教，反复练习操作流程。在操作智能播种机时，熟练掌握播种深度、间距的调节技巧；使用农业无人机时，精准规划飞行路线，确保农药均匀喷洒，实现对农务的精准把控。

（三）分享使用心得，带动同行共进步

在使用智能设备过程中，积累了丰富经验，主动与同行分享。组织小型经验交流会，展示智能设备操作过程，讲述使用前后农作物产量、品质变化，分享设备维护保养要点，带动同行认识并使用智能设备，共同迈向精准农业时代。

三、踊跃参与农业创新项目，助力产业升级换代

（一）提出创新想法，为项目添新活力

在日常农业生产中，善于观察思考，结合实际遇到的问题与市场需求，提出创新想法。例如，发现农产品产后保鲜困难，便提出利用新型保鲜材料和技术建设田间地头保鲜库的设想；针对农产品销售渠道单一，建议搭建线上线下融合的销售平台，为农业创新项目注入新活力。

（二）加入创新团队，携手攻克难题关

当得知有农业创新项目招募成员时，积极报名加入。在团队中，与农业专家、技术人员、营销人才等密切合作。面对农产品深加工技术难题，一起查阅资料、开展实验，运用各自专业知识，共同攻克难关，推动创新项目顺利进行。

（三）实践创新方案，推动产业多元化

在创新团队中，将创新方案付诸实践。参与特色农产品种

植加工一体化项目，从品种选育、种植管理，到农产品加工、品牌打造，全程参与。通过实践，不断优化创新方案，开发出多种特色农产品，推动农业产业向多元化、高附加值方向转变。

（四）总结创新经验，引领同行共发展

在农业创新项目结束后，认真总结经验。梳理项目实施过程中的创新点、遇到的问题及解决方法，形成详细报告。农村基层干部和有能力的农民可通过举办讲座、撰写文章等方式，分享创新经验，引领同行在农业生产中积极创新，共同推动农业产业升级换代。

四、大胆尝试生态种植法，实现可持续发展

（一）研习生态知识，筑牢绿色种植基础

认识到生态种植的重要性，利用闲暇时间，通过阅读专业书籍、观看线上课程、参加生态农业讲座等方式，深入学习生态种植知识。了解不同作物的生态习性、轮作间作原理、有机肥料制作方法等，为开展生态种植筑牢知识基础。

（二）改良土壤环境，打造健康农田生态

在自家农田开展土壤改良工作，定期检测土壤酸碱度、肥力等指标。针对土壤板结问题，增施有机肥、生物菌肥，采用深耕深松技术，改善土壤结构，提高土壤透气性与保水保肥能力，为农作物生长打造健康的土壤环境。

（三）防治病虫害，巧用生态平衡方法

在生态种植过程中，摒弃传统化学农药的过度使用，采用

生态防治病虫害方法。在田间悬挂糖醋液诱捕害虫，释放害虫天敌，如用七星瓢虫防治蚜虫；利用害虫的趋光性，安装太阳能杀虫灯，通过这些生态手段，维持农田生态平衡，减少病虫害发生。

（四）推广生态成果，共享绿色发展福利

经过一段时间实践，生态种植取得良好效果，农产品品质提升、产量稳定，且减少了环境污染。于是，积极向周边推广生态种植成果，组织现场观摩会，邀请大家参观自家农田，分享生态种植经验与收益，带动更多人参与生态种植，共享绿色发展福利。

第二节　对城乡融合发展的促进作用——缩小城乡差距

一、知识传递：助力城乡信息平等共享

（一）建立线上知识共享社群：打破地域知识壁垒

随着互联网的普及，线上知识共享社群成为打破城乡知识壁垒的重要途径。通过建立专门的社群平台，将城乡的知识资源进行整合与共享，让知识不再局限于城市，也能惠及乡村。例如，一些在线教育平台为乡村居民提供了丰富的学习资源，包括农业技术、职业技能培训、文化知识等课程，使乡村居民能够随时随地获取知识，提升自身素质。同时，社群还促进了城乡之间的交流与互动，让城市的知识和经验能够传播到乡村，乡村的特色文化也能被更多人了解，从而

实现知识的双向流动，缩小城乡知识差距，为城乡融合发展奠定坚实基础。

（二）开展城乡结对帮扶学习：精准输送实用信息

城乡结对帮扶学习是一种有效的知识传递方式，通过城市与乡村之间的结对合作，精准输送实用信息。城市的专业机构、学校、企业等与乡村的相应单位结成对子，根据乡村的实际需求，提供针对性的知识和技能培训。例如，城市的农业科技专家可以定期到乡村开展讲座和技术指导，帮助乡村居民掌握先进的农业种植和养殖技术，提高农业生产效率；城市的教育机构可以与乡村学校开展教学交流活动，分享优质的教学资源和先进的教育理念，提升乡村教育质量。这种结对帮扶不仅能够满足乡村居民对知识的实际需求，还能促进城乡之间的相互了解和合作，推动城乡共同发展。

（三）举办知识下乡讲座系列：普及前沿科技见闻

知识下乡讲座系列是将前沿科技知识普及到乡村的重要手段。组织专家学者、科技工作者深入乡村，举办各类知识讲座，向乡村居民介绍最新的科技成果和科技发展趋势。这些讲座内容丰富多样，涵盖了农业新技术、新能源利用、互联网应用、健康医疗等多个领域。通过生动形象地讲解和实际案例展示，让乡村居民了解科技前沿动态，拓宽视野，激发他们对科技的兴趣。例如，介绍智能农业设备的应用，可以帮助乡村居民提高农业生产效率；讲解互联网电商知识，可以引导乡村居民开展农产品线上销售，拓展销售渠道。知识下乡讲座系列不仅提升了乡村居民的科技素养，还为乡村的科技应用和创新发展提供了思路和方法。

二、技能互通：加强城乡劳动力互补流动

（一）搭建技能交流集市：便捷交换一技之长

技能交流集市为城乡劳动力提供了一个便捷的技能交换平台。定期在城乡接合部或乡村举办技能交流集市，邀请城市的专业技术人员、手工艺人和乡村的能工巧匠参加。在这里，城市的技术人员可以展示先进的技术设备和操作技能，乡村的手工艺人可以展示传统手工艺制作过程。双方通过现场演示、互动交流等方式，相互学习、相互启发，实现技能的互补和提升。例如，城市的技术人员可以向乡村居民传授机械维修、电工技术等实用技能，帮助他们更好地使用现代化设备；乡村的手工艺人可以向城市居民展示传统木工、刺绣等技艺，让城市居民了解传统文化的魅力。技能交流集市不仅促进了城乡劳动力之间的技能交流，还增进了城乡之间的文化融合，推动了城乡劳动力的共同发展。

（二）组织城乡劳务协作队：协同完成大型项目

城乡劳务协作队是加强城乡劳动力互补流动的重要方式。通过组织城乡劳动力共同参与大型项目建设，实现优势互补，提高项目效率。例如，在一些基础设施建设项目中，城市的专业施工队伍可以与乡村的劳动力协作，城市队伍负责技术指导和关键环节施工，乡村劳动力负责基础劳动和辅助工作。这种协作模式不仅解决了城市劳动力短缺的问题，还为乡村居民提供了就业机会，增加了他们的收入。同时，在协作过程中，乡村劳动力可以学习到城市的专业技术和管理经验，提升了自身的劳动技能和综合素质。城乡劳务协作

队的建立，促进了城乡劳动力的合理流动和优化配置，推动了城乡经济的协同发展。

（三）开设技能互换培训营：双向提升劳动专长

技能互换培训营为城乡劳动力提供了双向提升劳动专长的机会。培训营根据城乡劳动力的实际需求，开设多样化的技能培训课程，让城乡劳动力在互换技能的过程中实现共同提升。例如，城市劳动力可以参加农业技能培训，学习农作物种植、农产品加工等知识，为城市居民参与乡村休闲农业、农产品电商等产业提供技术支持；乡村劳动力可以参加城市职业技能培训，学习电工、焊工、家政服务等技能，提高在城市就业的竞争力。技能互换培训营通过理论教学与实践操作相结合的方式，让学员在短时间内掌握实用技能，拓宽就业渠道，促进城乡劳动力的双向流动和就业增收。

（四）建立劳务信息对接网：畅通人才流通渠道

劳务信息对接网是畅通城乡人才流通渠道的关键。通过建立完善的劳务信息对接平台，及时发布城乡的用工需求和劳动力信息，实现城乡劳动力资源的有效配置。例如，利用互联网技术搭建线上劳务信息平台，整合城市企业和乡村劳动力的信息资源，让双方能够快速、准确地获取相关信息。同时，在线下设立劳务信息服务中心，为城乡劳动力提供职业咨询、就业指导等服务，帮助他们更好地选择适合自己的工作岗位。劳务信息对接网的建立，减少了城乡劳动力流动的信息不对称，提高了劳动力市场的效率，促进了城乡劳动力的合理流动和就业稳定。

三、观念接轨：推动城乡思想协同进步

（一）举办城乡观念碰撞论坛：激发思维创新火花

城乡观念碰撞论坛为城乡思想交流提供了一个开放的平台。定期举办论坛活动，邀请城乡各界人士参加，围绕城乡发展、社会进步、文化传承等话题展开深入讨论。在论坛上，城市居民可以分享现代城市生活的理念和经验，乡村居民可以介绍乡村的传统文化和生活方式。通过思想的碰撞和交流，激发双方的思维创新，打破城乡观念的隔阂，形成共同的发展理念。例如，在讨论乡村振兴战略时，城市专家可以提出科技赋能、产业融合等思路，乡村代表可以结合本地实际，提出生态农业、乡村旅游等发展建议。这种观念碰撞不仅有助于城乡之间的相互理解和包容，还能为城乡协同发展提供新的思路和方法，推动城乡思想的协同进步。

（二）开展城乡生活体验活动：增进彼此理解认同

城乡生活体验活动是增进城乡居民彼此理解认同的有效方式。组织城市居民到乡村开展生活体验活动，让他们亲身感受乡村的自然风光、传统文化和生活方式。同时，邀请乡村居民到城市参观学习，体验城市的发展成果和现代生活。通过这种双向的生活体验，让城乡居民深入了解彼此的生活环境和需求，消除误解和偏见。例如，城市居民可以在乡村体验农耕生活、参与民俗活动，感受乡村的宁静与质朴；乡村居民可以在城市参观科技馆、博物馆，了解城市的文化和科技发展。城乡生活体验活动不仅丰富了居民的生活体验，还促进了城乡之间的文化交流和融合，增强了城乡居民的认同感和归属感。

（三）组织思想先锋下乡宣讲：传播现代文明理念

思想先锋下乡宣讲活动是传播现代文明理念的重要途径。组织城市的思想先锋、专家学者、优秀企业家等深入乡村，开展系列宣讲活动，向乡村居民传播现代文明理念，包括科学精神、法治观念、环保意识、创新思维等。通过生动的案例讲解和深入浅出的分析，让乡村居民了解现代文明的重要性和价值，引导他们树立正确的思想观念。例如，宣讲团可以介绍科技创新对农业发展的推动作用，激发乡村居民的创新意识；讲解环保知识，引导乡村居民保护生态环境。思想先锋下乡宣讲活动不仅提升了乡村居民的思想素质，还为乡村的现代化发展注入了新的活力，推动城乡思想观念的接轨。

（四）设立城乡共融文化节：凝聚共同价值追求

城乡共融文化节是凝聚城乡共同价值追求的重要载体。定期举办城乡共融文化节，通过文艺演出、民俗展示、文化展览等多种形式，展示城乡文化的独特魅力和共同价值。在文化节上，城乡居民共同参与文化活动，分享文化成果，增进彼此的文化认同和情感共鸣。例如，举办乡村民俗文化展示活动，让城市居民了解乡村的传统文化；举办城市现代文化演出，让乡村居民感受城市的艺术氛围。城乡共融文化节不仅促进了城乡文化的交流与融合，还凝聚了城乡居民的共同价值追求，为城乡协同发展提供了强大的精神动力。

第二章 农民素质素养构成要素

第一节 中华优秀传统美德——沟通礼仪的根基

一、孝老爱亲：乡村家庭交往的礼仪规范

（一）日常与长辈沟通的礼貌用语及行为举止

与长辈交谈须使用“您”“请”“谢谢”等敬语，语速适中、语气平和。长辈讲话时不随意打断，眼神专注。问候长辈身体状况、生活起居，主动告知自身近况。遇见长辈主动起身迎送，递送物品用双手，体现对长辈的敬重与关怀。

（二）家庭聚餐、节庆中的孝亲礼仪体现

家庭聚餐时，主动为长辈摆放碗筷、添饭夹菜，将优质菜品优先敬给长辈。节庆时，向长辈行鞠躬或拱手礼，诚恳送上祝福。席间不喧哗打闹，不提前离席。长辈离席时，晚辈应主动搀扶，体现聚餐与节庆中的孝亲之道。

（三）照顾年迈亲人时的沟通技巧与情感表达

照顾年迈亲人时，言语温柔耐心，讲解事情清晰明了。尊重老人习惯，不强迫改变其生活方式。多倾听老人讲述过往，

给予回应与安慰。用肢体语言传递关爱，如搀扶、盖被等，让老人感受温暖与被重视。

二、诚信友善：邻里互助中的沟通准则

（一）邻里间借还物品的诚信沟通方式

向邻里借物品时，说明用途与归还时间，征得同意后方可取用。借用期间妥善保管，按时归还。归还时当面致谢，若物品有损耗，主动说明并赔偿。借还过程言行一致，不隐瞒、不拖延，维护邻里信任。

（二）主动帮助邻里时的友善表达与礼仪

主动帮助邻里时，态度真诚，不居高临下。询问需求时语气谦和，如“需要我帮忙吗”。帮助过程中遵守邻里家规，不随意翻动物品。完成后不邀功，邻里致谢时礼貌回应“不客气，应该的”，体现友善互助精神。

（三）化解邻里小矛盾的诚信沟通技巧

邻里有矛盾时，主动沟通，不回避、不指责。陈述观点时基于事实，不夸大其词。倾听对方意见，换位思考。提出解决方案时兼顾双方利益，承诺的事项坚决履行，以诚信化解矛盾，维护邻里和谐。

三、勤俭持家：乡村日常交往的美德体现

（一）家庭日常消费中的勤俭沟通与规划

家庭消费前，成员共同商议，优先满足必需品需求。购物

时对比性价比，不盲目攀比。向家人说明勤俭意义，如“节约的钱可应急”。记录收支情况，定期讨论消费合理性，形成理性消费共识。

（二）参与乡村集体劳动时的勤俭表现与交流

参与集体劳动时，爱惜工具，不随意丢弃物料。合理使用资源，避免浪费。与他人协作时，交流勤俭方法，如“这个工具这样用更耐用”。完工后清理现场，回收可利用物品，体现集体劳动中的勤俭作风。

（三）教育子女养成勤俭习惯的沟通方法

教育子女时，结合生活实例说明勤俭重要性，如“粮食来之不易”。要求子女按需取用物品，不浪费食物。鼓励子女参与劳动，体会劳作艰辛。及时肯定子女的勤俭行为，引导其树立勤俭持家的意识。

第二节 思想道德素质——农民精神世界的基石

一、坚守诚信底线，确保农产品货真价实

（一）严格把控品质，诚信赢市场口碑

在农产品的种植、养殖过程中，严格遵循科学的生产标准。从种子、种苗的筛选，到化肥、农药的使用，都严格把关。定期检测土壤肥力，合理施肥，绝不使用高毒、高残留农药，确保农产品的安全与品质。收获时，仔细分拣，剔除残次品，将优质的农产品推向市场，凭借过硬的质量赢得消费者的

信任，树立良好的市场口碑。

（二）杜绝虚假宣传，以真心待消费者

在宣传农产品时，实事求是，不夸大其词。如实介绍农产品的品种、产地、生长环境、营养价值等信息，不虚构产量、功效等内容。通过展示农产品的真实照片、生长过程视频等方式，让消费者全面了解产品。以真诚的态度对待每位消费者，不欺骗、不误导，让消费者放心购买。

（三）面对利益诱惑，坚守诚信不松动

当市场上出现一些以次充好、虚假标注产地等不正当竞争行为，且能带来短期利益诱惑时，始终保持清醒的头脑。深知诚信是立足之本，不为一时的利益所动摇。坚决抵制这种不良行为，哪怕在市场竞争中暂时处于劣势，也坚守诚信底线，相信凭借诚信经营，最终能获得市场的认可和回报。

二、秉持友善之心，与邻里携手共奋进

（一）邻里遇困主动帮，传递温暖力量

当得知邻里家中遭遇变故，如家人突发疾病、农忙时缺少劳动力等，第一时间伸出援手。帮忙照顾生病的家人，为其提供生活上的便利；在农忙时节，主动帮忙收割庄稼、播种育苗。不图回报，用实际行动传递温暖，让邻里在困难时刻感受到关怀和支持。

（二）分享丰收喜悦，增进彼此情谊

丰收季节，将自家收获的新鲜农产品，如刚采摘的水果、

新打的粮食等，分享给邻里。邀请他们品尝，分享种植、养殖过程中的经验和趣事。通过分享丰收的喜悦，增进彼此之间的感情，营造和谐融洽的邻里氛围。

（三）矛盾分歧面前，友善沟通化干戈

邻里之间难免会产生一些矛盾和分歧，如因宅基地边界、家畜家禽管理等问题产生争执。在这种情况下，保持冷静，以友善的态度与对方沟通。认真倾听对方的想法和诉求，站在对方的角度思考问题，寻求双方都能接受的解决方案。避免争吵和冲突，用友善化解矛盾，维护邻里关系的和睦。

三、传承勤劳美德，用汗水浇灌丰收

（一）每日辛勤劳作，不偷懒不怠惰

每天天不亮就起床，准备好农具和农资，前往田间地头。无论是耕地、播种、浇水、施肥，还是除草、除虫，每项农事活动都认真对待，不敷衍、不偷懒。严格按照农时安排，合理规划一天的工作，确保各项农事活动有序进行，用辛勤的汗水换取丰收的希望。

（二）精耕细作土地，付出必有回报

对待每寸土地都充满敬畏之心，精耕细作。在耕地时，深耕细耙，让土壤疏松透气；播种时，控制好播种深度和间距，确保种子均匀分布；在作物生长过程中，根据不同阶段的需求，精准施肥、浇水，及时防治病虫害。相信只要付出足够多的努力，就一定会有丰厚的回报。

（三）带动身边的人，弘扬勤劳好风尚

以自己的实际行动，带动身边的人一起勤劳致富。与邻居分享自己的劳动经验和技巧，鼓励他们积极参与农业生产。在农忙时节，组织互助小组，互相帮助，共同完成农事活动。通过自己的带动作用，在村里形成勤劳致富的良好风尚。

第三节　科学文化素质——开启农业现代化之门

一、扎实掌握基础学科知识，优化生产流程

（一）学习数学知识，精准核算农资用量

关注农资的采购与使用，意识到数学知识的重要性。系统学习数学，掌握基础知识。在购买化肥时，依据土地面积、农作物所需养分比例，精确计算所需化肥的数量，避免浪费与不足。计算农药稀释倍数时，也能凭借数学知识准确操作，确保药效，同时保障农产品安全与环境健康，优化农资使用成本与效果。

（二）运用物理原理，改良农具提效率

深入了解农具的工作原理，从杠杆、滑轮等简单物理原理入手。传统镢头在翻土时费力，利用杠杆原理，调整镢头的柄长与着力点，使翻土更轻松高效。在灌溉系统中，运用连通器原理，设计更合理的输水管道布局，让水流均匀分布到田间，减少水资源浪费，提高灌溉效率，降低劳动强度。

（三）借助化学常识，合理调配肥料养分

钻研化学中关于元素、化合物的知识，了解氮、磷、钾等元素对农作物生长的不同作用。根据不同农作物在不同生长阶段的需求，利用化学知识调配复合肥料。例如在农作物苗期，增加氮肥促进茎叶生长；在花期、结果期，提高磷、钾元素比例，促进开花结果，精准满足作物养分需求，提升农产品产量与品质。

（四）融合生物知识，防控病虫害保丰收

学习生物学科里昆虫、微生物的知识，了解病虫害的发生规律与防治方法。利用害虫的趋光性，安装黑光灯诱捕害虫；引入害虫天敌，如七星瓢虫防治蚜虫，以生物防治代替部分化学防治，减少农药使用。同时，掌握农作物自身的生理特性，增强其抗病虫害能力，保障农作物丰收，维护生态平衡。

二、不断学习农业科普常识，从容应对难题

（一）关注气候变化知识，提前做好应对

留意天气预报与农业气象科普，了解气候变化对农业的影响。学习不同气象条件下农作物的生长特点，如干旱、洪涝、高温、低温等灾害对作物的危害。在干旱来临前，提前修缮灌溉设施，储备水源；遭遇洪涝风险时，提前挖好排水沟渠，做好农田排水准备，降低气候变化对农业生产的不利影响。

（二）了解土壤改良方法，提升土地肥力

深入学习土壤知识，明白土壤结构、酸碱度对农作物生长

的重要性。通过检测土壤成分，针对性地改良土壤。对于酸性土壤，施加石灰调节酸碱度；对于板结土壤，增施有机肥、种植绿肥，改善土壤结构，增加土壤有机质含量，提升土壤肥力，为农作物生长提供良好的土壤环境。

（三）学习新型灌溉技术，节水又保产

关注农业灌溉领域的新技术，如滴灌、喷灌等。学习滴灌技术中管道铺设、滴头流量控制等知识，掌握喷灌设备的安装与调试方法。这些新型灌溉技术能根据农作物需水情况精准供水，避免大水漫灌造成水资源浪费，同时保证农作物生长所需水分，实现节水与高产的双重目标。

（四）钻研农机维修技巧，保障设备运行

购置农业机械设备后，意识到维修保养的重要性。参加农机维修培训，学习发动机、传动系统、液压系统等关键部件的工作原理与维修技巧。掌握常见故障的排查与修复方法，如发动机启动困难、农机具传动异常等问题，能及时进行维修，保障农机设备正常运行，不耽误农时。

三、积极钻研新兴农业理论，探索创新路径

（一）研读前沿种植理论，尝试新种植法

关注农业科研动态，阅读专业期刊、学术论文，学习无土栽培、立体种植等前沿种植理论。尝试在自家农田搭建简易无土栽培设施，种植蔬菜，研究营养液配方与管理技术。开展立体种植，在果园里套种耐阴作物，提高土地利用率，探索适合本地的高效种植模式，提升农业生产效益。

（二）探索智慧农业模式，打造智能农场

了解物联网、大数据、人工智能在农业中的应用，探索智慧农业模式。安装土壤湿度传感器、气象监测站等设备，实时收集农田环境数据。通过智能控制系统，根据数据自动控制灌溉、施肥、通风等农事操作，打造智能农场，实现农业生产的精准化、智能化管理，提高生产效率与农产品质量。

（三）剖析生态循环理论，构建绿色产业链

深入研究生态循环农业理论，了解物质循环、能量流动原理。在自家农场建立生态循环系统，将农作物秸秆、畜禽粪便等废弃物转化为沼气、有机肥。利用沼气照明、做饭，沼渣沼液还田，为农作物提供养分，减少化肥使用，构建绿色农业产业链，实现农业可持续发展。

第四节 身体素质——农业生产的体能根基

一、坚持日常锻炼，练就强健体魄抗农忙

（一）晨起跑步健身，开启活力一天

天色微亮，便起身出门。活动筋骨后，沿着村道开始慢跑。呼吸着清晨清新的空气，感受着微风拂面，脚步轻盈且富有节奏。跑步途中，路过田间，看着嫩绿的庄稼，满心欢喜。跑上几千米后，微微出汗，身心都被唤醒，以饱满的精神状态开启一天的劳作。

（二）劳作间隙锻炼，缓解身体疲劳

在田间劳作一段时间后，稍作休息，利用间隙活动身体。简单做些伸展动作，如拉伸手臂、转动腰部、活动脚踝，让因长时间劳作而僵硬的肌肉得到放松。还要做几组深蹲，锻炼腿部力量，为接下来的劳作积攒体力，有效缓解身体的疲劳感。

（三）定期参加球赛，增强运动活力

积极参与村里组织的篮球赛、羽毛球赛等活动。在篮球场上，与队友默契配合，奔跑、跳跃、投篮，尽情挥洒汗水。通过球赛，不仅锻炼了身体的协调性、灵活性，还增强了团队合作精神，让自己充满运动活力，以更好的状态投入农业生产中。

（四）坚持力量训练，搬运农资不愁

购置一些简单的健身器材，如哑铃，放在家中。闲暇时，进行力量训练，手持哑铃做弯举、侧平举等动作，锻炼手臂肌肉。还会利用装满粮食的麻袋进行负重训练，增强腰腹和腿部力量。有了强壮的力量，搬运农资时轻松许多，不再觉得吃力。

二、注重合理膳食，为劳作储备充足能量

（一）三餐营养搭配，保证体力充沛

早餐会准备富含碳水化合物的馒头、粥，搭配鸡蛋、咸菜，补充能量和蛋白质。午餐以米饭或面条为主食，搭配新鲜蔬菜、肉类，保证营养均衡。晚餐适量减少主食摄入，多吃蔬菜和豆制品。通过合理搭配三餐，保证一天的体力充沛，应对

繁重的农业劳作。

（二）农忙多补蛋白，增强肌肉耐力

农忙时节，劳作强度增大，身体对蛋白质的需求增加。应增加肉类、鱼类、蛋类、奶制品的摄入，如午餐多吃些红烧肉、清蒸鱼。蛋白质能够帮助修复和增长肌肉，增强肌肉耐力，让身体在长时间的劳作中保持良好状态。

（三）劳作多喝水，维持身体代谢

在田间劳作时，随身携带水壶，随时补充水分。了解水分对身体代谢的重要性，尤其是在炎热的天气下，大量出汗会导致身体缺水。每隔一段时间就喝上几口，避免因缺水而感到疲劳、头晕，维持身体正常的代谢功能。

（四）储备能量零食，应对突发忙碌

准备一些能量高的零食，如坚果、牛肉干、巧克力等，放在家中和劳作的工具包里。遇到突发的忙碌，无法按时吃饭时，就吃些零食补充能量，避免因饥饿而影响劳作效率，确保在各种情况下都能保持良好的身体状态。

三、定期健康体检，及时预防疾病隐患

（一）按时体检不拖延，了解身体状况

按照规定的时间，前往医院进行全面体检。配合医生进行各项检查，如血常规、尿常规、血压测量、心电图等。认真回答医生的询问，通过体检了解自己的身体指标，及时发现潜在的健康问题，做到早发现、早治疗。

（二）根据体检建议，调整生活方式

拿到体检报告后，仔细阅读医生的建议。如果体检显示血压偏高，就减少盐的摄入，增加运动量；如果身体缺乏某些维生素，就调整饮食结构，多吃富含维生素的食物。根据体检结果，积极调整生活方式，保持身体健康。

（三）接种预防疫苗，抵御流行疫病

关注各类传染病的流行情况，按时接种流感疫苗、肺炎疫苗等。了解疫苗接种的重要性，有效预防传染病的发生，降低患病风险。在传染病高发季节，提前接种疫苗，保护自己的身体健康，不影响农业生产。

（四）建立健康档案，跟踪身体变化

将每次的体检报告整理成册，建立自己的健康档案。记录每次体检的结果、身体出现的不适症状以及治疗情况。通过健康档案，跟踪身体的变化，及时发现身体的异常情况，为健康管理提供依据。

第五节　政治素质——参与治理的必备素质

一、时刻关注国家政策方针，紧跟时代步伐

（一）每日收看新闻，了解政策动态

每天固定时间打开电视，准时收看新闻节目。全神贯注地聆听主持人播报，不放过任何一条与农业、农村相关的政策信

息。无论是农业补贴政策的调整，还是乡村振兴战略的新举措，都认真记录，以便深入了解政策动态，知晓国家对农村发展的规划方向。

（二）研读政策文件，把握发展机遇

对于重要的政策文件，主动从政府官网下载或到相关部门领取。利用闲暇时间；逐字逐句研读，分析政策条款对自身生产生活的影响。例如在研读农村产业扶持政策时，研究本地适合发展的产业方向，思考如何借助政策支持，开展特色种植养殖项目，把握发展机遇，增加收入。

（三）参加政策宣讲，深入领会要点

积极报名参加政府组织的政策宣讲会，提前到达现场，选择前排位置，以便更好地聆听讲解。宣讲过程中，认真做笔记，遇到不理解的地方，及时举手提问。与宣讲人员和其他听众交流讨论，深入领会政策要点，确保准确把握政策内涵。

二、积极行使民主权利，参与基层选举投票

（一）了解候选人情况，慎重投出一票

在基层选举前，通过社区公告、村民会议、候选人演讲等多种渠道，全面了解候选人的个人经历、工作能力和施政理念。认真分析候选人提出的发展规划和承诺，思考其对乡村发展的实际意义，权衡利弊后，慎重投出自己手中的一票，选出真正能为乡村谋发展的带头人。

（二）动员身边人参与，保障选举公正

意识到选举的重要性，积极动员身边的人参与投票。向他们

宣传选举的意义和流程，告知他们每个人的一票都关乎乡村的未来。组织大家一起了解候选人情况，鼓励大家积极行使民主权利，共同保障选举的公正、公平，让选举结果充分反映民意。

（三）监督选举过程，维护民主权利

在选举现场，密切关注选举流程是否规范。监督工作人员是否严格按照选举制度进行选票发放、统计等工作，确保选举过程公开透明。一旦发现有违规行为，及时向选举监督机构反映，维护自己和其他选民的民主权利，保障选举的合法性。

（四）反馈选举意见，促进制度完善

选举结束后，认真思考选举过程中存在的问题，如投票时间安排是否合理、候选人信息公开是否充分等。将这些意见反馈给相关部门，提出改进建议，希望能促进选举制度的不断完善，使今后的选举更加科学、民主。

三、全力配合政策落实，推动乡村稳步发展

（一）响应土地政策，合理规划用地

认真学习国家的土地政策，了解土地流转、耕地保护等相关规定。在自家土地使用上，严格按照政策要求，合理规划种植养殖区域，不违规占用耕地。若有土地流转需求，遵循政策流程，与受让方签订规范合同，保障土地资源的合理利用。

（二）落实补贴政策，助力产业发展

积极关注农业补贴政策，了解补贴的申请条件和流程。符

合条件时，及时准备相关材料，申请补贴，如农机购置补贴、种粮补贴等。将补贴资金用于购买先进的农业设备、优质的种子化肥，提升农业生产效率，助力产业发展。

（三）遵循环保政策，守护绿水青山

深刻认识到环保的重要性，严格遵循环保政策。在农业生产中，减少使用高污染的农药化肥，采用生物防治、物理防治等绿色防控技术。积极参与农村环境整治，不乱扔垃圾，保护河流、土壤等生态环境，守护乡村的绿水青山。

（四）执行安全政策，保障生产安全

严格执行农业生产安全政策，在使用农机设备时，按照操作规程操作，定期对设备进行维护保养，确保安全运行。在农药储存和使用过程中，采取安全防护措施，防止中毒事件发生。加强对农产品质量安全的把控，保障消费者的健康。

第六节　专业素质——农业生产与管理的核心能力

一、精通农作物种植养护，保障丰收高产

（一）依时播种育苗，打好丰收基础

时刻关注节气变化，依据不同农作物的生长习性和当地气候条件，精准把握播种育苗时机。提前对种子进行筛选、消毒处理，确保种子品质优良。准备好肥沃、疏松的苗床，采用科学的播种方法，控制好播种深度和间距。悉心照料幼苗，调控好温湿度，及时浇水、施肥，为丰收筑牢根基。

（二）精细田间管理，优化作物生长

在农作物生长期间，精心做好田间管理工作。定期进行中耕除草，疏松土壤，去除杂草，减少养分竞争。密切观察作物生长状况，及时整枝打杈，调整植株形态，保证通风透光良好。对作物生长过程中出现的异常情况，如叶片发黄、生长缓慢等，迅速排查原因并采取相应措施。

（三）精准施肥灌溉，满足养分需求

根据农作物不同生长阶段的养分需求，科学调配肥料。运用土壤检测技术，了解土壤肥力状况，合理确定施肥种类和用量，避免肥料浪费和土壤污染。采用滴灌、喷灌等节水灌溉方式，根据天气和土壤墒情，精准控制灌溉量和时间，确保作物水分供应恰到好处。

（四）科学防治病虫害，守护作物健康

时刻警惕农作物病害，加强田间巡查，早发现早防治。学习掌握各种病害的症状和防治方法，优先采用农业防治、物理防治和生物防治手段，如轮作倒茬、灯光诱捕害虫、利用害虫天敌等。必要时合理使用化学农药，严格按照使用说明操作，确保农产品质量安全。

二、熟练掌握畜牧养殖技巧，提升养殖效益

（一）选好优良种苗，确保养殖质量

在选择畜牧种苗时，多方考察种苗供应商，挑选健康、生长性能良好的品种。查看种苗的免疫记录和健康证明，避免引入带

病种苗。了解不同品种的生长特点和适应环境，结合当地气候和养殖条件，选择最适宜的种苗，为养殖效益奠定良好基础。

（二）调配营养饲料，促进牲畜成长

深入研究牲畜的营养需求，根据不同生长阶段和品种，科学调配饲料。合理搭配蛋白质、碳水化合物、维生素和矿物质等营养成分，确保饲料营养均衡。选择优质的饲料原料，保证饲料新鲜、无霉变，促进牲畜健康快速成长。

（三）做好疫病防控，降低养殖风险

高度重视畜牧疫病防控，建立完善的防疫制度。定期对养殖场进行消毒，严格控制人员和车辆进出，防止疫病传入。按照免疫程序，及时为牲畜接种疫苗，提高牲畜免疫力。加强日常健康监测，一旦发现牲畜有异常症状，迅速隔离诊断，采取有效治疗措施。

（四）掌握繁育技术，扩大养殖规模

学习先进的畜牧繁育技术，如人工授精、胚胎移植等，提高繁育效率和质量。了解牲畜的繁殖规律，做好发情鉴定和配种工作，提高受孕率。精心照料受孕母畜，确保幼崽顺利出生和健康成长，逐步扩大养殖规模。

三、精准把握农产品加工营销，提升附加值

（一）学习加工工艺，提升产品品质

关注农产品加工领域的新技术、新工艺，参加相关培训和学习交流活动。学习水果的保鲜、榨汁技术，粮食的深加工技

术等，引进先进的加工设备，严格按照加工标准操作，去除杂质，保留营养成分，提升农产品的品质和口感。

（二）设计精美包装，吸引消费者目光

意识到包装对农产品销售的重要性，结合农产品特点和目标市场，设计富有特色的包装。采用环保、美观的包装材料，融入地域文化元素，使包装在保护产品的同时，能够吸引消费者的注意力，提升产品的辨识度和市场竞争力。

（三）调研市场需求，定位销售方向

深入市场开展调研，了解消费者对农产品的需求偏好、价格接受程度等信息。分析市场趋势，关注竞争对手的产品和营销策略，找准自身农产品的定位，确定销售方向，如主打绿色有机、特色风味或高端礼品等。

（四）拓展销售渠道，增加产品销量

积极拓展农产品销售渠道，除传统的农贸市场、批发商销售外，与超市、电商平台建立合作关系，开展线上线下销售。参加农产品展销会、举办农产品采摘节等活动，提高产品知名度，吸引更多客户，增加产品销量。

第七节　心理素质——农业创新发展的内在动力

一、勇于尝试新技术，克服内心恐惧障碍

（一）初次接触新技术，大胆迈出第一步

当听闻有新型的农业种植技术，像无人机、智能温室调控，

虽对其原理和操作感到陌生，心里也有些许忐忑，但仍决定大胆尝试。仔细研究技术资料，向有经验的人打听，了解基本情况后，购置相关设备，着手准备应用新技术，开启探索的第一步。

（二）面对未知风险，鼓足勇气去闯荡

了解新技术应用可能面临失败风险，例如无人机操作不当可能损坏，智能温室调控不好影响作物生长，但没有被这些未知风险吓倒。认真参加技术培训，反复练习操作技巧，做好应对各种突发情况的准备，鼓足勇气，大胆闯荡，相信努力能将风险降到最低。

（三）遭遇失败挫折，不气馁继续尝试

在新技术应用过程中，难免遭遇失败，如无人机喷洒不均匀导致部分作物药害，或智能温室温度调控失误使作物生长受影响。但没有因此气馁，把失败当作成长的机会，冷静分析问题所在，积极寻求解决办法，调整操作方式，继续尝试，坚信下一次能成功。

（四）总结尝试经验，为后续铺好路

每次尝试后，都认真总结经验教训。将成功的操作方法、遇到的问题及解决措施详细记录下来，形成一套经验手册。把这些经验分享给身边人，为后续继续探索新技术、推广新技术应用铺好道路，让大家少走弯路。

二、面对市场波动保持乐观，从容应对挑战

（一）价格下跌不慌，寻找破局之法

农产品价格下跌时，不陷入焦虑恐慌。积极分析价格下跌原

因，是市场供过于求，还是季节因素影响。若是供过于求，就尝试拓展销售渠道，与电商平台合作，开辟新市场；若是季节因素，就进行农产品深加工，延长保质期，提升附加值，寻找破局之法。

（二）需求变化不惧，调整产品策略

察觉到市场对农产品需求发生变化，如消费者更青睐绿色有机农产品，面对需求改变不畏惧，及时调整种植养殖策略，学习绿色有机生产技术，按照标准进行生产，满足市场需求，让农产品在市场上更具竞争力。

（三）竞争压力不怕，挖掘自身优势

面对激烈的市场竞争、其他同行的低价竞争、新技术应用等压力，没有退缩害怕。深入挖掘自身优势，可能是本地独特的土壤气候造就的农产品独特风味，或是多年积累的良好口碑。围绕这些优势，打造特色品牌，提升产品品质，以差异化竞争赢得市场。

（四）市场困境不倒，始终心怀希望

在市场陷入困境，如销售渠道受阻、资金回笼困难时，始终保持乐观心态，心怀希望。积极与供应商、客户沟通协调，寻找解决办法。相信困难只是暂时的，只要坚持下去，就一定能走出困境，迎来转机。

三、受挫后迅速调整心态，重拾信心再出发

（一）分析受挫原因，找准问题症结

在农业生产或经营中遭遇挫折，如种植的作物大面积减产、养殖的牲畜突发疫病，不盲目抱怨，而是冷静下来全面分

析和及时补救。从种植养殖技术、日常管理、市场环境等多方面排查，找出问题症结所在，是施肥不当，还是市场信息掌握不及时，为后续解决问题提供方向。

（二）放下失败包袱，轻装上阵前行

认识到沉浸在失败的痛苦中毫无意义，果断放下失败带来的心理包袱。把失败当作一次成长的历练，不再纠结过去的失误，调整好心态，以积极的状态投入后续工作中，轻装上阵，重新出发。

（三）制订改进方案，开启新的征程

根据分析出的受挫原因，制订详细的改进方案。若是技术问题，就参加专业培训，邀请专家指导；若是市场问题，就加强市场调研，调整营销策略。按照改进方案，一步一个脚印地开启新的征程，努力弥补之前的不足。

（四）自我激励打气，激发奋进力量

在重新出发的过程中，难免会遇到困难和挫折，这时不断进行自我激励。回顾过去成功的经历，给自己加油打气，相信自己有能力克服困难。通过自我激励，激发内心的奋进力量，保持昂扬的斗志，向着目标不断前进。

第八节　信息素养——数字时代农业发展的导航仪

一、熟练运用智能手机，实时掌控农业资讯

（一）安装农业 App，随时获取知识

挑选几款实用的农业 App，有专注农技知识的、提供农产

品价格行情的，还有追踪农业政策的。每天抽空打开 App，浏览最新的种植养殖技术文章，从病虫害绿色防控方法，到新型灌溉技术应用，都认真学习，还要收藏关键知识点，方便随时查阅，让自己紧跟农业知识更新步伐。

（二）关注行业公众号，知晓前沿动态

在微信里搜索并关注知名农业行业公众号，涵盖农业科研成果发布、农业机械创新、农产品市场趋势分析等各类主题。公众号推送文章后，第一时间阅读，了解行业前沿动态，如新培育出的农作物品种特性、农业电商的最新发展模式等，为自身农业生产和经营提供新思路。

（三）加入专家微信群，请教疑难问题

经人介绍或在农业论坛上发现有农业专家组建的微信群，积极申请加入。群里讨论问题时，踊跃发言，分享自己的看法。当自家农作物出现疑难病症，或者养殖中遇到技术难题，直接向专家请教，详细描述问题症状，等待专家解答，获取专业建议。

（四）开启信息提醒，不错过重要资讯

将安装的农业 App、关注的公众号以及加入的微信群，全部开启消息提醒功能。这样一来，无论是农产品价格突然波动、农业政策有新调整，还是专家分享重要农技知识，都能第一时间收到通知，不错过任何对农业生产和经营有价值的重要资讯。

二、依托电商平台，拓宽农产品销售渠道

（一）开设网店运营，展示特色产品

在主流电商平台注册账号，开设农产品网店。精心拍摄农产品照片，从生长环境、成熟果实到加工成品，全方位展示。撰写详细的产品介绍，突出农产品的绿色、有机、原生态等特色，让消费者全面了解产品，吸引他们下单购买。

（二）学习营销技巧，提升店铺流量

利用业余时间学习电商营销技巧，通过观看线上课程、阅读营销书籍，了解如何优化店铺关键词、开展促销活动。参加电商平台组织的营销培训，学习制作吸引人的海报、编写吸睛文案，提升店铺曝光度，吸引更多潜在客户进店浏览。

（三）处理订单售后，保障客户满意

收到订单，仔细检查产品质量，确保无误，迅速安排发货。遇到客户咨询或投诉，及时耐心回复，解决客户问题。对于退换货请求，按照平台规则和客户需求妥善处理，保障客户购物体验，提升客户满意度和店铺口碑。

（四）分析销售数据，优化销售策略

定期查看电商平台提供的销售数据，分析不同农产品的销量、客户地域分布、购买时间规律等。根据数据结果，调整产品上架种类，优化产品定价，针对不同地区和时段开展精准营销，提升销售业绩。

三、巧用农业大数据，精准规划生产决策

（一）收集气象数据，安排农事活动

关注专业气象网站和 App，收集当地的气象数据，包括气温、降水、光照时长等。依据气象信息，合理安排农事活动，如在降水充足时段安排播种，高温干旱时提前做好灌溉准备，避免气象灾害对农作物生长造成不利影响。

（二）分析市场数据，调整种植规模

通过农业大数据平台和市场调研，获取农产品市场需求和供应数据。分析各类农产品的市场饱和度、价格走势，结合自身实际情况，调整种植或养殖规模。对于市场需求旺盛、价格上升的农产品，适当扩大规模；反之，则减少种植或养殖数量。

（三）参考价格数据，把握销售时机

实时关注农产品价格数据，了解不同季节、不同地区的价格波动情况。对比本地和外地市场价格，分析价格变化趋势，选择价格较高的时机销售农产品，提高销售收入。同时，关注期货市场价格，提前预判价格走势，为销售决策提供参考。

第九节　社交素养——拓展农业资源与合作的桥梁

一、积极参加农业展会，拓展人脉资源

（一）精心准备展品，展现优势亮点

提前数月就开始筹备农业展会展品。从众多农产品中挑选

出品质最优、外观最佳的，如饱满圆润的果实、色泽鲜亮的蔬菜等。对农产品进行精细包装，设计带有地域特色的礼盒，配上详细的产品说明，突出绿色、有机、原生态等优势，在展会上充分展现自家农产品的独特魅力。

（二）主动与人交流，互换联系方式

踏入展会现场，主动与其他参展商、采购商交流。面带微笑，热情地介绍自家农产品的特点和优势，认真倾听对方的需求和想法。遇到有合作意向的，礼貌地询问能否交换联系方式，将对方的姓名、电话、邮箱等信息仔细记录，方便后续沟通。

（三）参加论坛研讨，结识行业精英

积极报名参加展会期间的各类论坛研讨活动，提前了解议题，做好知识储备。在论坛上，认真聆听行业专家、企业高管的精彩分享，学习先进的理念和经验。主动参与讨论，发表自己的见解，引起同行关注，结识农业领域的精英人士，拓展人脉。

二、主动与上下游企业洽谈，谋求合作机遇

（一）了解企业需求，提供匹配服务

在与上下游企业洽谈前，深入调研对方需求。通过网络搜索、行业咨询等方式，了解上游农资企业对原材料的供应要求，下游农产品加工企业对农产品品质、规格的标准。根据这些需求，优化自身生产流程，提供符合企业要求的农产品和服务。

（二）展示自身实力，赢得合作信任

在洽谈过程中，向企业展示自身的生产实力。介绍拥有的先进种植养殖技术、完善的质量管控体系，展示农产品的检测报告、认证证书等。分享以往与其他企业的成功合作案例，让对方了解自身的信誉和能力，赢得合作信任。

（三）协商合作条款，保障双方利益

与企业就合作条款进行深入协商，包括农产品价格、交货时间、质量标准、付款方式等。充分考虑双方利益，寻求平衡点，确保合作条款公平合理。对于价格，参考市场行情和成本核算，提出合理报价；对于交货时间，结合自身生产能力和企业需求，确定可行的期限。

三、乐于在社交中分享经验，携手共同成长

（一）丰收成果分享，传递喜悦心情

在社交场合，无论是线上交流群还是线下聚会，都乐于分享丰收的喜悦。展示丰收的照片、视频，讲述种植养殖过程中的趣事和艰辛，分享农产品的产量、品质提升情况，让同行感受到努力付出后的收获，传递积极向上的正能量。

（二）技术难题探讨，互助攻克难关

当遇到农业生产中的技术难题，如农作物病虫害防治、养殖疫病防控，主动在社交平台或交流活动中提出，与同行共同探讨解决方案。分享自己尝试过的方法和效果，倾听他人的建议和经验，通过互助合作，攻克技术难关。

（三）管理心得交流，提升运营水平

与同行交流农业生产管理心得，分享合理安排农事活动、优化人员分工、管控生产成本的经验。倾听他人在管理中的创新做法，如利用信息化手段提高管理效率，学习借鉴，不断提升自身的农业运营管理水平。

（四）市场信息共享，把握发展先机

关注农产品市场动态，收集价格走势、需求变化、政策调整等信息。在社交中与同行共享这些信息，分析市场趋势，共同探讨应对策略。通过信息共享，把握市场发展先机，及时调整生产经营策略，适应市场变化。

第十节　环保素养——可持续农业的生态保障

一、践行绿色种植理念，减少农药化肥使用

（一）采用物理防虫，守护生态平衡

在农田里，巧妙布置防虫网，细密的网眼能有效阻挡害虫进入，为农作物筑起一道防护屏障。还要悬挂黄色粘虫板，利用害虫对颜色的趋性，将其吸引并粘住。在夜间，打开太阳能杀虫灯，利用害虫的趋光性，将它们诱捕消灭。通过这些物理防虫手段，减少化学农药的使用，保护农田里的益虫，维持生态平衡。

（二）推广有机肥料，滋养土地肥力

积极寻找合适的有机肥料来源，收集畜禽粪便、农作物秸

秆等，经过堆肥处理，制成富含养分的有机肥料。这种肥料不仅能为农作物提供充足的氮、磷、钾等元素，还能改善土壤结构，增加土壤的透气性和保水性，让土地越种越肥沃，为农作物的健康生长创造良好条件。

（三）种植绿肥作物，改良土壤结构

在农田休耕期或轮作间隙，种植紫云英、苜蓿等绿肥作物。这些绿肥作物生长迅速，根系发达，能深入土壤，增加土壤的有机质含量。待绿肥作物生长到一定阶段，将其翻耕入土，使其在土壤中分解，从而改善土壤结构，提高土壤肥力，为后续农作物种植打下坚实基础。

（四）轮作休耕结合，保持土地活力

根据不同农作物的生长特性和对土壤养分的需求，合理安排轮作计划。例如，将玉米与大豆轮作，玉米消耗氮肥较多，而大豆有固氮作用，能为土壤补充氮素。同时，定期安排土地休耕，让土地在休耕期得以休养恢复，减少土壤养分的过度消耗，保持土地的持久活力。

二、合理利用水资源，推广节水灌溉技术

（一）安装滴灌设备，精准节水灌溉

在农田里安装滴灌设备，精心铺设管道和滴头。根据农作物的分布和需水情况，精确调整滴头的出水量和滴水时间。这样，水能够直接滴灌到农作物的根部，避免了大水漫灌造成的水资源浪费，提高了水资源的利用效率，以最少的水量满足农作物生长需求。

（二）收集雨水利用，补充灌溉水源

在田间地头修建雨水收集池，在屋顶安装雨水收集装置。每逢降雨，将雨水收集起来，经过简单的沉淀和过滤处理，储存到收集池中。在干旱时节，这些储存的雨水就成为宝贵的灌溉水源，用于补充农作物生长所需水分，缓解灌溉压力。

（三）定期检查管道，防止水资源浪费

定期对灌溉管道进行全面检查，查看是否有破损、漏水的地方。一旦发现管道出现裂缝或接头松动，及时进行修复或更换。同时，检查滴头是否堵塞，确保滴灌系统正常运行，防止因管道问题导致水资源白白流失，最大限度地节约水资源。

（四）宣传节水知识，带动众人节水

积极向周边农户宣传节水灌溉的重要性和方法，分享自己在节水灌溉方面的经验和成果。组织小型的节水知识讲座，发放宣传资料，让大家了解滴灌、喷灌等节水技术的优势和操作方法，带动更多人在农业生产中合理利用水资源，共同为节水事业贡献力量。

三、推广生态养殖模式，降低环境污染风险

（一）采用生态饲料，减少污染排放

在养殖过程中，选用优质的生态饲料，这些饲料富含天然的营养成分，且经过科学配比，能够满足牲畜生长需求。同时，生态饲料易于消化吸收，能减少牲畜粪便中氮、磷等污染物的含量，降低对环境的污染，从源头减少养殖污染排放。

（二）处理养殖废弃物，实现循环利用

建设沼气池和堆肥设施，将养殖产生的粪便和污水进行集中处理。粪便经过发酵制成沼气，可用于照明、做饭等，实现能源的循环利用；沼渣和沼液则是优质的有机肥料，用于农田施肥，滋养农作物生长，让养殖废弃物变废为宝。

（三）优化养殖环境，保障牲畜健康

定期对养殖场进行清洁和消毒，保持养殖空间的卫生和通风良好。合理规划养殖密度，避免牲畜过于拥挤，减少疾病传播风险。为牲畜提供舒适的生活环境，安装温控设备，确保冬暖夏凉，保障牲畜健康生长，提高养殖效益。

第十一节　安全生产素养——保障农业可持续发展的基础

一、安全生产意识的培养

（一）安全知识的学习与普及

如今农业生产中的安全隐患多样，涵盖农机、农资、用电等诸多领域。定期参与由村里、合作社组织的安全知识讲座，学习不同季节、不同作业环节对应的安全要点。像在春耕时，了解农机安全和灌溉用电安全；秋收时，掌握谷物干燥防火知识。同时，借助宣传手册、村内广播等渠道，持续更新知识储备，确保对常见风险心中有数。

（二）安全意识在农业生产中的重要性

农业生产环境复杂，一个疏忽就可能酿成大祸。有安全意识才能防患于未然，例如在果园喷药时，若提前知晓风向对农药飘散的影响，做好防护、调整站位，就可避免吸入过量农药导致中毒。而且安全的生产环境有利于长期稳定产出，减少意外造成的作物减产、设备损坏，保障收入稳定。

（三）树立正确的安全观念

首先，克服麻痹思想，不能因一时未出事故就掉以轻心。每次作业前，如启动联合收割机前，认真检查机器各部件，将安全检查变成习惯。其次，主动向经验丰富的同行请教，学习他们应对突发状况的技巧，融入日常操作。最后，关注国家、地方新出台的农业安全法规政策，以高标准要求自己。

（四）安全文化的传播与实践

可以在村里成立安全互助小组，邻里间互相监督提醒。农忙时节，小组成员交叉检查作业现场，发现隐患及时指出整改。逢年过节，利用村民聚集机会，表演安全主题的小品、短剧，用通俗易懂的形式传播安全知识，让安全理念深入人心，形成人人重安全的良好氛围。

二、农机操作与安全规范

（一）农机操作的基本技能与规范

操作农机绝非易事，需要精准掌握各种技巧。以拖拉机为例，启动前务必检查机油、水箱水位、轮胎气压等，确保车辆处于最佳状态。驾驶时，依据地形、作物种类合理调整挡位与速度，转弯时要减速慢行、大弯缓转，避免侧翻。作业结束，及时清理农机上的杂物、泥土，定期保养关键部件，延长使用寿命。

（二）常见农机设备的安全检查

不同农机有不同检查重点。播种机作业前，要查看种箱是否密封、排种器是否顺畅，防止漏种、堵种影响播种质量。对于植保无人机，起飞前需要校准指南针，检查电池电量与桨叶完整性，确保飞行稳定。日常还应留意农机外观有无破损、连接件是否松动，发现问题及时维修，不让小毛病演变成大故障。

（三）农机安全操作的礼仪与沟通技巧

田间作业时，多机协同常见，与其他农机手沟通顺畅能提升效率、避免碰撞。使用对讲机提前告知作业方向、速度变化，礼貌用语常挂嘴边。若需要借用他人农机配件，归还时应擦拭干净、表达谢意。遇到新手请教，耐心传授经验，共同营造和谐有序的作业氛围。

三、农药化肥的安全使用

（一）农药化肥的安全存储与管理

农药化肥具有腐蚀性、毒性，存储不当易引发事故。应专设干燥、通风、避光的存储间，远离火源、水源与生活区。不同种类农药、化肥要分类存放，张贴醒目标签，防止拿错混用。定期盘点库存，查看包装有无破损，对过期产品按规定处置，避免污染环境。

（二）正确使用农药化肥的技巧

施药施肥前，仔细研读说明书，依据作物品种、生长阶段、病虫害情况精准调配浓度。喷雾器喷头要保持良好雾化效果，均匀喷洒，避免局部过量。施肥时，遵循“少量多次”原则，深施覆土，提高利用率。同时，注意用药用肥间隔期，防止残留超标，保障农产品质量安全。

（三）减少农药化肥污染的方法

优先采用物理、生物防治手段防治病虫害，如安装防虫网、释放天敌昆虫，减少农药依赖。推广测土配方施肥，依据土壤养分状况定制施肥方案，降低化肥用量。利用农作物秸秆还田、绿肥种植等方式改良土壤，增强土壤保肥保水能力，构建生态良性循环。

第十二节　创新素养——推动农业转型升级的核心动力

一、创新意识的激发与培养

（一）创新意识的重要性与价值

在当下，农业领域竞争愈发激烈，传统方式渐显疲态。拥有创新意识，便能先人一步发现新机遇。例如，开发特色农产品，可避开同质化竞争，赢得高附加值。而且创新能提升生产效率，减少资源浪费，不仅让农产品质量出众，还能使整个农业产业链更具韧性，应对多变市场，保障长久收益。

（二）激发创新思维

日常要多关注农业科技动态、市场趋势，参加各类农业展会、研讨会，拓宽视野。打破常规，尝试逆向思考，如别人都种大宗作物，不妨探索小众高值品种。鼓励跨界学习，将互联网营销、工业管理理念融入农业，还要不怕失败，从每次尝试中总结，让思维愈发活跃。

（三）创新案例的分享与启示

有农户利用闲置大棚种起了羊肚菌，原本普通的蔬菜大棚摇身一变成为高收益菌类培育基地，这启示要善于挖掘本地资源优势，找准市场空白。还有将农产品加工废料制成有机肥料回田，既环保又降低成本，说明创新可贯穿农业全链条，废弃物也能变宝贝，启发大家留意身边细节，开启新思路。

二、新技术在农业中的应用与推广

（一）了解农业新技术的现状与趋势

如今农业科技日新月异，从精准农业到智能灌溉，从基因编辑到无人机遥感。关注科研院校、农业农村部门发布信息，知晓前沿技术走向。了解本地气候、土壤适配技术，为引进应用打基础，紧跟时代步伐推动农业进步。

（二）新技术在实际生产中的应用案例

某村引入物联网监控系统，农户通过手机随时掌握大棚温湿度、光照，精准调控，蔬菜产量质量双提升。还有用区块链技术溯源农产品，消费者扫码知全程，增强信任，这些案例彰显新技术魅力，直观展现其对农业增效、产品增值的强大助力。

（三）选择适合的技术进行推广

综合考量成本效益，初期投入过高、回报周期长的慎选。结合自身经营规模、技术水平，小农户选择操作简易的，大农场可挑战复杂高端的。实地考察示范基地，与使用者交流，亲身体验效果，确保所选技术实用、易用，能落地生根。

（四）与技术专家的沟通与合作

主动联系专家，参加技术培训、讲座，带着问题虚心请教。配合专家田间试验，提供精准数据反馈。项目结束后保持联系，定期汇报技术应用情况，让专家持续助力，借助外脑攻克难题，加速新技术普及。

三、农产品创新与品牌建设

（一）农产品创新的方向与思路

从品种培优入手，选育口感更佳、营养更丰富、耐储运的品种。挖掘传统品种，改良后重推市场，唤醒儿时味道。在包装设计上，融入地域文化、环保理念，让产品脱颖而出。开发深加工品，延长产业链，如水果制成果脯、果汁，提升附加值，拓展消费场景。

（二）品牌建设的重要性与策略

品牌是产品“脸面”，知名品牌能吸引顾客、稳定价格。

先精准定位，主打绿色、有机或趣味等特色，契合目标群体。讲好品牌故事，追溯历史传承、产地风情，引发情感共鸣。利用社交媒体、农产品展销会多渠道宣传，逐步树立口碑，打造地域名片。

（三）提升农产品的品牌价值

严控产品质量，确保品质如一。优化售后服务，快速处理投诉，赢得好感。与文化、旅游结合，举办采摘节、农事体验，丰富品牌内涵。参与公益、获取奖项，提升知名度与美誉度，让品牌熠熠生辉。

第十三节　数字素养——智慧农业发展的关键能力

一、数字技术在农业中的应用

（一）数字技术对农业生产的改变

如今，数字技术正深度重塑农业生产流程。借助传感器，能实时监测土壤墒情、气候条件，精准调控灌溉与施肥，避免资源浪费，提升作物产量与质量。无人机可快速大面积作业，均匀喷洒农药，相较传统人工，效率大幅跃升，还能减少人员接触农药风险，保障农产品安全生产环境。

（二）常见的数字农业技术与工具

物联网技术当属关键，各类传感器遍布田间，自动采集温度、湿度、光照等数据传输至云端。还有智能农机装备，如自动驾驶拖拉机，依据预设路线精准作业，确保耕地、播种均匀一致。另外，农业管理软件能记录农事活动、核算成本，为生产决策提供依据，助力精细化管理。

（三）选择适合的技术应用

考量经营规模是首要，小农户资金有限、土地分散，宜选择成本低、易上手的，如简易气象站、小型植保无人机；规模种植户则可引入全套物联网系统。关注本地自然条件，干旱地区侧重节水灌溉数字化；山地多留意农机爬坡、转向性能数字化提升。多考察示范基地，对比效果与投入，选出契合自身的实用技术。

（四）与数字技术供应商的沟通与合作

主动接触供应商，前期了解产品详细功能、适配场景，索要技术资料。采购时协商培训、售后条款，确保有人指导操作、及时维修故障。使用中定期反馈问题、使用体验，帮助供应商改进，也为自身争取更好地服务，携手推动技术落地。

二、智能设备的操作与维护

（一）智能设备的基本操作技能

以智能灌溉系统为例，开机前需要校准传感器，熟悉控制面板各按键功能，设定灌溉时间、水量阈值。操作无人机，掌握起飞、降落流程，学会在空中调整高度、速度、航向，依据农田形状规划作业航线，确保药剂、种子精准投放，高效完成任务。

（二）智能设备的日常维护与保养

日常检查智能设备外观有无破损、线路是否松动，擦拭传感器保持灵敏度。定期清理农机智能部件灰尘、杂物，给活动部位加注润滑油。为智能监控设备电池充电、更新软件，保障数据传输稳定。

（三）常见故障的排除方法

若智能灌溉喷头不出水，先查看水源是否正常、管道有无堵塞，清理滤网杂质。无人机飞行不稳，检查桨叶是否损坏，若不平衡，校准指南针。智能设备数据不显示，排查传感器连接、重启终端设备。遇复杂故障，记录故障现象，联系厂商技术人员远程指导或上门维修。

三、农业大数据的收集与分析

（一）大数据在农业中的应用场景

在市场预测方面，依据历年农产品价格、销量数据，预判下季种植品种、规模，降低滞销风险。生产管理上，分析土壤养分大数据，精准施肥，提升肥料利用率。质量追溯时，记录农事全过程数据，消费者扫码可查农产品“前世今生”，增强信任度，大数据全方位赋能农业。

（二）收集和整理农业数据

田间地头，通过传感器自动采集气象、土壤数据；农事操作时，人工记录播种、施肥、采摘时间等信息录入管理软件。从农资采购、农产品销售环节收集数据，统一格式，按时间、品类分类存储。利用云存储，保障数据安全，方便随时调用分析。

（三）数据分析的方法与工具

学习简单统计分析，计算均值、方差了解数据波动，如分析历年病虫害发生频率。进阶用数据挖掘算法找数据关联，如温度、湿度与作物发病率。借助 Excel 绘制图表直观呈现趋势，专业软件如 SPSS 深度分析，依据需求选工具，挖掘数据价值。

第三章　提升农民素质素养的具体措施

第一节　教育培训——全方位知识技能传输体系

一、踊跃参加农业技术培训班，提升专业实操技能

（一）提前了解培训班课程内容，选择适合自己的班次

在报名参加农业技术培训班前，提前了解课程内容非常重要。通过查阅培训班的课程大纲或咨询主办方，能够明确培训的重点和方向。根据自身的种植养殖需求，选择适合的班次，如病虫害防治、节水灌溉或农产品电商等专题培训。这样能够确保学习内容与实际需求紧密结合，提高培训的实用性。

（二）在课堂上认真听讲、做好笔记，积极提问

在培训班课堂上，认真听讲并做好笔记是掌握知识的关键。将讲师讲解的重点内容记录下来，便于课后复习和实践。同时，遇到不懂的问题要主动提问，与讲师和其他学员交流，加深对知识的理解。通过积极参与课堂互动，能够更好地吸收新知识，提升学习效果。

（三）课后主动实践操作，巩固所学技能

培训班结束后，及时将所学知识应用到实际生产中，是巩固技能的重要步骤。例如，学习到的病虫害防治技术可以在田间进行试验，电商销售技巧可以在实际运营中尝试。通过不断实践，能够将理论知识转化为实际操作能力，真正提升农业生产水平。

二、主动走进文化知识夜校课堂，丰富知识储备

（一）制订学习计划，合理安排夜校学习时间

参加文化知识夜校学习前，制订详细的学习计划非常重要。根据夜校的课程安排和自身的时间情况，合理分配学习时间，确保工作与学习两不误。例如，每周固定几个晚上参加夜校学习，其余时间用于复习和实践。通过科学规划，能够提高学习效率，稳步提升知识储备。

（二）与同学交流学习心得，互相督促进步

在夜校学习过程中，与同学交流学习心得是提升学习效果的有效方式。通过分享各自的学习经验和体会，能够互相启发、共同进步。同时，建立学习小组，互相监督和鼓励，能够增强学习的动力和持续性，帮助更好地掌握知识。

（三）参加夜校组织的知识竞赛等活动，检验学习成果

夜校组织的知识竞赛、演讲比赛等活动，是检验学习成果的良好机会。通过参与这些活动，能够将所学知识进行系统梳理和应用，同时锻炼表达能力和应变能力。此外，比赛

中的表现也能反映出学习中的不足，为后续学习提供改进方向。

三、积极参与外出观摩学习活动，借鉴先进经验

（一）根据自身需求，选择观摩学习的地点和项目

外出观摩学习前，明确自身需求并选择合适的观摩地点和项目非常重要。例如，如果需要学习先进的种植技术，可以选择前往农业示范区；如果需要了解生态养殖模式，可以参观成功的养殖基地。通过有针对性的选择，能够确保观摩学习的内容与实际需求紧密结合。

（二）在观摩过程中，仔细观察、虚心请教

在观摩学习过程中，仔细观察和虚心请教是获取经验的关键。认真记录先进的技术细节和管理方法，同时主动与当地技术人员交流，了解他们的成功经验和遇到的挑战。通过深入学习和思考，能够将先进经验转化为自身的知识储备。

（三）回来后总结经验，结合实际加以应用

观摩学习结束后，及时总结经验并加以应用是提升自身能力的重要环节。将学习到的先进技术与本地实际情况相结合，制订切实可行的改进方案。例如，引入新的种植模式或优化养殖管理流程。通过不断实践和调整，能够逐步提高生产效率，实现农业生产的可持续发展。

第二节　政策咨询和金融对接——搭建资源桥梁

一、常去政策解读咨询点，吃透惠农政策

（一）关注咨询点开放时间，定期前往咨询

惠农政策是关乎农业发展的重要指引，而政策解读咨询点则是获取这些信息的关键窗口。日常要多留意官方发布的咨询点开放时间，如通过政府农业相关网站、乡镇公告栏或者手机短信提醒等方式知悉。一旦确定时间，便按计划定期前往，每月至少安排 1 次，绝不因农忙或路途遥远而忽视，如此才能及时掌握政策动态，为农业规划提供有力依据。

（二）带上相关资料，让工作人员精准解读政策

前往咨询点时，务必带上齐全且有针对性的资料。像土地承包合同，能明确土地权属和面积，便于工作人员依据土地规模解读补贴政策；农产品销售记录，能反映经营状况，帮助理解产业扶持政策；还有农业生产设备清单，体现硬件投入，助力解读相关扶持细则。这些资料是与工作人员高效沟通的基础，能让其结合实际情况给出精准解读，避免政策理解偏差。

（三）将政策要点记录下来，回去后深入研究

在咨询过程中，准备好笔记本和笔，详细记录工作人员讲解的政策要点，如补贴发放标准、申请截止日期、特定项目的申报流程等。回到家中，在农闲时段，将记录的内容整理成文档，对照自家农业生产现状，分析各项政策的适用性，深入思

考如何利用政策优势扩大生产、提升效益，把政策转化为实实在在的发展助力。

二、借助银农对接平台，争取金融支持助力发展

（一）准备好项目计划书、资产证明等材料

项目计划书要涵盖农业项目的各个方面，从项目背景、市场分析、种植养殖方案，到预期收益和风险评估，都要清晰呈现，让银行能全面了解项目。同时，准备好土地资产证明、农业机械设备购置发票、农产品库存清单等资产证明材料，清晰展示自身经济实力和资产状况，为获取银行信任、争取金融支持筑牢根基。

（二）在平台上与多家银行沟通，比较贷款方案

银农对接平台汇聚了众多金融机构，要充分利用这个优势，主动与多家银行展开沟通。向银行工作人员详细介绍农业项目情况，了解不同银行的贷款政策，包括贷款利率、还款方式、贷款期限、额度上限等关键信息。制作贷款方案对比表格，从利率成本、还款灵活性、贷款额度满足度等维度综合分析，选出最契合自身农业发展需求的贷款方案。

（三）按照银行要求，完善手续，顺利贷款

在选定贷款银行后，严格按照银行要求推进贷款手续办理。及时准备银行要求的补充材料，如财务报表审计报告、第三方担保协议等；认真填写各类贷款申请表，确保信息准确无误；积极配合银行的实地考察工作，如实展示农业生产经营状况。全程保持与银行的良好沟通，及时解决手续办理过程中出

现的问题，确保顺利获得贷款，为农业发展注入资金活力。

三、及时申请农业补贴项目，缓解资金压力

（一）了解各类农业补贴项目的申报条件和时间

通过多种渠道全面收集农业补贴项目信息，关注政府农业农村部门官网的政策发布版块，订阅农业资讯公众号，接收最新消息，参加乡镇组织的农业政策宣讲会。将各类补贴项目的申报条件，如种植作物种类、养殖规模标准、土地流转年限等，以及申报时间详细记录下来，制作成提醒表格，提前规划准备，避免错过申报时机。

（二）认真填写申报表格，确保信息准确无误

申报表格是申请补贴的核心材料，填写时务必认真细致。仔细阅读每一项填写说明，按照要求如实填写个人基本信息、农业生产规模数据、项目实施计划等内容。填写完成后，至少进行两次自查，核对数据准确性、文字表述规范性，也可请熟悉政策的邻居或乡镇农业服务人员帮忙审核，确保申报表格质量，为成功申请补贴奠定基础。

（三）跟进申报进度，及时补充材料，争取补贴

提交申报材料后，主动跟进申报进度，每隔一周通过电话咨询、网上申报系统查询或前往乡镇农业补贴办理窗口询问等方式，了解申请审核状态。若接到需要补充材料的通知，第一时间整理相关资料，如项目实施照片、农产品质量检测报告等，在规定时间内提交，积极与审核部门沟通，争取顺利通过审核，早日获得农业补贴，缓解农业生产资金压力。

第三节 科技应用——引领绿色生态农业新潮流

一、率先推广智能灌溉施肥系统，实现精准农业

（一）考察不同品牌的智能系统，选择性价比高的

在决定引入智能灌溉施肥系统后，便开启全面考察。先通过互联网搜索各大品牌的产品信息，了解其功能特点、技术参数以及用户评价。再实地走访周边已使用智能系统的种植户，观察系统实际运行情况，询问使用体验。综合对比价格、性能、售后等多方面因素，筛选出功能满足需求、价格合理且售后有保障的产品，确保投入的每一分钱都能带来最大效益。

（二）邀请技术人员安装调试，学会基本操作

选定智能系统后，联系厂家安排专业技术人员上门安装。安装过程中全程跟随，仔细观察技术人员的操作步骤，了解系统各个部件的安装位置与连接方式。技术人员调试时，认真学习各项参数的设置方法、系统启动与关闭流程、常见故障的排查要点等基本操作，通过实际操作练习，确保熟练掌握，为后续独立使用系统打好基础。

（三）根据农作物生长阶段，设置合理参数

不同农作物在各个生长阶段对水分和养分的需求差异较大。播种期，根据种子发芽所需湿度和基肥要求，设置较低的灌溉频率和适量的施肥量；生长期，随着作物生长加快，加大灌溉量和施肥浓度；开花结果期，依据作物对养分的特殊需

求，精准调整氮、磷、钾等元素的配比。定期监测作物生长状况，结合土壤墒情和肥力变化，灵活优化参数，让智能系统精准服务作物生长。

二、带头示范无人机植保作业，提升植保效率

（一）参加无人机操控培训，考取操作证书

为了安全、高效地操作无人机进行植保作业，报名参加专业的无人机操控培训课程。在培训中，系统学习无人机的飞行原理、结构组成、操作技巧以及相关法律法规知识。通过模拟器反复练习飞行操作，掌握起飞、降落、悬停、航线规划等基本技能。培训结束后，参加相关考试，考取无人机操作证书，获得合法飞行资格，为开展植保作业做好准备。

（二）制订无人机植保作业计划，合理安排时间

在开展无人机植保作业前，根据种植面积、作物种类、病虫害发生情况制订详细作业计划。先对农田进行测绘，规划无人机飞行航线，确保全面覆盖且不重复作业。结合病虫害防治的最佳时机，如上午露水干后至10时前、16时后，避开高温时段和强风天气，合理安排作业时间，提高防治效果，同时避免对作物造成损害。

（三）向周边介绍无人机植保优势，积极推广应用

在自己成功运用无人机完成植保作业后，积极向周边展示无人机植保技术的优势。组织现场演示活动，邀请周边实地观看无人机高效作业过程。对比传统人工植保的效率和成本，介绍无人机植保技术具有作业速度快、覆盖均匀、节省人力和农

药、不受地形限制等优点，分享自己的使用经验和实际效果，鼓励大家尝试使用无人机植保技术，共同提升农业生产效率。

第四节　文化活动与艺术熏陶——丰富精神文化生活

一、开展文化活动：丰富精神文化生活

（一）设立民俗歌舞专场：舞动乡土风情韵律

民俗歌舞专场是乡村文艺汇演的重要组成部分，它以独特的艺术形式展现了乡土文化的魅力。在专场演出中，来自各地的民间艺人和文艺爱好者们身着绚丽多彩的民族服饰，用欢快的舞步和悠扬的歌声，演绎着具有浓郁地方特色的民俗歌舞。这些节目不仅包含了传统的民间舞蹈，如腰鼓舞、花灯舞等，还有根据当地生活场景创作的现代歌舞作品。通过这样的演出，不仅让观众感受到乡村文化的独特韵味，还激发了人们对传统文化的热爱和传承意识，增强了乡村居民的文化自信和归属感。

（二）开展戏曲票友大赛：唱响传统艺术新声

戏曲票友大赛为戏曲爱好者提供了一个展示才华的平台，让传统戏曲艺术在新时代焕发出新的活力。大赛面向全社会开放，不限年龄、性别和职业，吸引了众多戏曲爱好者报名参赛。参赛者通过精湛的唱腔、细腻的表演和对角色的深刻理解，展现了戏曲艺术的独特魅力。大赛不仅为戏曲爱好者提供了学习交流的机会，还通过网络直播、线下展演等形式，让更多的人了解和喜爱传统戏曲。这种形式的活动不仅丰富了乡村

居民的精神文化生活，还为传统戏曲的传承和发展注入了新的动力，让戏曲艺术在乡村这片沃土上生根发芽、茁壮成长。

（三）举办民间手工艺展：秀出指尖精湛技艺

民间手工艺展是一场展示乡村传统技艺的盛会，它将乡村能工巧匠们的精湛技艺展现得淋漓尽致。展览涵盖了刺绣、编织、剪纸、泥塑、木雕等多种传统手工艺，每件作品都凝聚着手工艺人的心血和智慧。这些手工艺品不仅具有极高的艺术价值，还承载着乡村的历史文化和民俗风情。通过展览，观众可以近距离欣赏到手工艺人的高超技艺，了解传统手工艺的制作过程和文化内涵。同时，展览也为手工艺人提供了交流合作的机会，促进了传统手工艺的传承和发展，让这些古老的技艺在现代社会中焕发出新的生机。

二、开展书画培训课程：培养艺术审美情趣

（一）开设国画入门基础班：勾勒山水田园意境

国画入门基础班为书画爱好者提供了一个学习国画的平台，让他们在绘画中感受中国传统文化的魅力。课程从基本的笔墨技巧入手，逐步引导学员掌握国画的构图、用色和意境营造等技巧。通过学习国画，学员们能够用笔墨勾勒出山水田园的意境，展现出乡村的自然之美和宁静之韵。这种课程不仅提升了学员的绘画技能，还培养了他们的艺术审美情趣，让他们在绘画中找到内心的宁静和满足，丰富了乡村居民的精神文化生活。

（二）举办书法笔法研习营：书写乡村古朴墨香

书法笔法研习营是一场专注于书法技艺提升的活动，它通

过系统的教学和实践练习，帮助学员们掌握书法的基本笔法和结构规律。研习营邀请了专业的书法老师进行指导，学员们在老师的带领下，从楷书、行书到草书，逐步感受书法的魅力。通过书法学习，学员们不仅能够写出一手好字，还能在笔墨之间感受到乡村文化的古朴和厚重，传承和弘扬中国传统文化。这种活动不仅丰富了乡村居民的文化生活，还提升了他们的文化素养和审美水平，为乡村文化建设增添了新的色彩。

（三）组织户外写生采风团：绘就乡村四季美景

户外写生采风团是一次亲近自然、感受乡村之美的活动。参与者们走进乡村的田野、山林和村落，用画笔记录下乡村四季的美景。在写生过程中，学员们不仅能够锻炼自己的绘画技巧，还能深入感受乡村的自然风光和人文气息。通过写生，学员们能够将乡村的美景转化为一幅幅生动的画作，展现出乡村的独特魅力和文化底蕴。这种活动不仅丰富了乡村居民的文化生活，还提升了他们的艺术创作能力和审美水平，为乡村文化建设注入了新的活力。

三、设立流动图书站点：拓宽知识阅读视野

（一）分类配置农业技术书籍：精准供给知识养分

流动图书站点根据乡村居民的实际需求，分类配置了大量农业技术书籍。这些书籍涵盖了种植技术、养殖技术、农产品加工技术、农业机械使用和维护知识等多个领域，为乡村居民提供了精准的知识供给。通过阅读这些书籍，乡村居民能够学习到先进的农业技术和科学的生产方法，提升农业生产效率和质量。这种精准的知识供给不仅满足了乡村居民的生产需求，

还拓宽了他们的知识视野，为乡村经济发展提供了有力支持。

（二）定期更新文学名著典籍：丰富精神文化食粮

流动图书站点定期更新文学名著典籍，为乡村居民提供了丰富的精神文化食粮。这些文学名著涵盖了古今中外的经典作品，通过阅读这些书籍，乡村居民能够领略到不同文化背景下的文学魅力，提升自己的文学素养和审美水平。定期更新的文学名著典籍不仅丰富了乡村居民的精神文化生活，还激发了他们的阅读兴趣和学习热情，为乡村文化建设注入了新的活力。

（三）举办读书分享交流沙龙：碰撞思想智慧火花

读书分享交流沙龙是一场思想碰撞的活动，它为乡村居民提供了一个交流读书心得的平台。在沙龙中，参与者们分享自己的读书体会，交流对书籍的理解和感悟，碰撞出思想的火花。通过这种交流，不仅能够提升乡村居民的阅读兴趣和思考能力，还能促进知识的传播和文化的交流。这种活动不仅丰富了乡村居民的精神文化生活，还提升了他们的文化素养和思想水平，为乡村文化建设增添了新的活力。

（四）设立少儿专属阅读区域：点亮儿童阅读梦想

流动图书站点设立了少儿专属阅读区域，为儿童提供了丰富的阅读资源和良好的阅读环境。少儿阅读区域配备了大量适合儿童阅读的书籍，包括童话、寓言、科普读物、儿童文学等，旨在培养儿童的阅读兴趣和阅读习惯。通过设立少儿专属阅读区域，不仅能够为儿童提供一个安全、舒适的阅读空间，还能激发他们的想象力和创造力，点亮他们的阅读梦想，为乡村文化建设注入新的希望。

第四章　情感与生活沟通

第一节　拉家常和情感交流——乡土情的纽带

一、热情分享生活趣事，营造欢乐乡村氛围

（一）留意日常点滴，积累趣味素材

平日里留心观察，时刻留意身边的细微之处。看到自家养的鸡追着蝴蝶满院子跑，或是邻居家的小狗不小心掉进泥坑，这些生活中的小插曲都默默记在心里。还会关注村里的新鲜事，如哪家新添了有趣的小物件，将这些素材积攒起来，为分享趣事做准备。

（二）茶余饭后畅聊，逗乐身边众人

每到茶余饭后，大家聚在一起休息时，便开启话匣子。把那些积攒的生活趣事一股脑儿地讲出来，绘声绘色地描述鸡飞狗跳的场景，或是模仿小狗狼狈的模样，引得周围的人哈哈大笑，让原本平淡的休息时光充满欢声笑语。

（三）放大细节讲述，让故事更精彩

在讲述趣事时，还会巧妙地放大细节。例如描述小狗掉进

泥坑，会说它在泥里扑腾得像在表演滑稽舞蹈，越讲越生动，把大家的情绪充分调动起来，让整个故事更加精彩有趣，使欢乐的氛围愈发浓厚。

二、耐心倾听他人心声，增进彼此亲近之感

（一）放下手中事务，专注聆听倾诉

当看到有人满脸愁容，或是主动找过来倾诉时，会立刻放下手中正在忙碌的事情。无论是手中的农活，还是家中的琐事，都暂时搁置一旁，全身心地投入倾听当中，让倾诉者感受到被重视。

（二）眼神给予关注，传递认真态度

在倾听过程中，始终用专注的眼神看着对方，不东张西望，不被周围的事物干扰。眼神中透露出关切和认真，让倾诉者能直观地感受到在用心倾听，从而更加放松地倾诉。

（三）适时点头回应，表达理解之意

时不时轻轻点头，对倾诉者的话语表示认同和理解。当对方讲到开心的事，点头微笑；讲到难过的事，微微皱眉点头，用这些细微的动作传递出“我懂你”的信号，让倾诉者知道自己的感受被关注和接纳。

（四）保守倾诉秘密，赢得信任情谊

对于倾诉者分享的秘密，会严格保守，绝不向任何人透露。深知信任的珍贵，一旦答应保守秘密，就会将其深埋心底。也正因如此，赢得了大家的信任，大家更愿意敞开心扉交

流，彼此之间的情谊也愈发深厚。

三、共同回忆乡村往昔，唤醒浓浓乡情

（一）翻出老物件，勾起岁月记忆

闲暇时，翻箱倒柜找出那些承载着岁月痕迹的老物件，像泛黄的旧照片、爷爷用过的老烟斗、儿时的旧玩具。拿着这些老物件，去找村里的长辈或儿时玩伴，大家围坐在一起，看着老物件，那些被岁月尘封的记忆会被瞬间唤醒。

（二）围坐话当年，重温儿时欢乐

围坐在一起，你一言我一句地回忆当年的点点滴滴。说起小时候一起在河里摸鱼，不小心掉进水里浑身湿透的狼狈样；回忆在田野里放风筝，风筝挂在树上怎么也取不下来的趣事，欢声笑语回荡在耳边，仿佛又回到了那段无忧无虑的童年时光。

（三）讲述先辈事，传承乡村精神

听长辈们讲述先辈们的故事，那些为了建设家园辛勤劳作、不畏艰难的事迹。将这些故事铭记于心，再讲给村里的晚辈听，让乡村的勤劳、坚韧等精神代代相传。

第二节　了解农民的生产生活状况——精准帮扶基石

一、定期自查生产难题，为精准帮扶找准方向

（一）巡视田间地头，排查作物隐患

每隔一段时间，便穿梭于田间地头，仔细查看农作物的生

长状况。认真观察叶片颜色是否正常，有无发黄、枯萎迹象，查看茎秆是否健壮，有无病虫害侵蚀的痕迹。蹲下身子，拨开土壤，检查根系发育情况，查看土壤墒情是否适宜。一旦发现问题，及时记录，为后续解决问题提供依据。

（二）检查养殖设施，预防风险

来到养殖场地，全面检查养殖设施。查看畜舍的通风、保暖设备是否正常运行，食槽、水槽是否清洁且完好无损。检查养殖设备的电路是否安全，有无漏电隐患。对牲畜的活动场地进行清理和消毒，预防疾病传播，确保牲畜有一个安全、舒适的生活环境。

（三）盘点农资储备，避免供应短缺

走进农资仓库，对各类农资进行详细盘点。查看种子、化肥、农药的剩余数量，核对品种和有效期。根据农作物的种植计划和牲畜的养殖规模，估算所需农资量，提前做好采购计划，避免因农资短缺影响生产进度，确保农业生产顺利进行。

二、深入剖析生活需求，精准定位痛点问题

（一）考量衣食住行，关注生活品质

认真审视日常生活中的衣食住行各个方面。检查家中衣物是否足够，质量是否能满足需求，尤其关注换季衣物的储备。查看日常饮食是否营养均衡，食材的采购是否便捷、经济。检查住房是否存在安全隐患，居住环境是否舒适。思考出行是否方便，交通条件是否需要改善，全面关注生活品质，找出存在的问题。

（二）聚焦教育医疗，重视长远发展

将目光聚焦在教育和医疗上。了解家中孩子的学习情况，关注学校的教学质量和教育资源是否充足，是否需要进行课外辅导或参加兴趣班。关心家庭成员的身体健康，查看附近医疗设施是否完善，看病就医是否便捷，医疗费用是否负担得起，考虑家庭的长远发展。

（三）重视精神文化，丰富闲暇时光

意识到精神文化生活的重要性，思考如何丰富闲暇时光。查看家中是否有足够的书籍、报刊供阅读，是否有文化娱乐设施，如电视、音响等。关注村里是否有文化活动，是否有机会参加文艺演出、体育比赛等，努力满足精神文化需求，提升生活幸福感。

（四）收集家人意见，综合各方诉求

与家人围坐在一起，认真倾听他们对生活的看法和需求。孩子可能希望有更多的学习资源和娱乐活动，老人可能更关注医疗保健和休闲养老。将家人的意见一一记录下来，综合考虑各方诉求，全面了解家庭生活状况，为精准帮扶提供更全面的信息。

三、依据实际制订帮扶计划，携手迈向富裕

（一）结合自身优势，规划可行路径

分析自身在农业生产方面的优势，如擅长种植某种农作物，或是有独特的养殖技术。结合这些优势，规划未来的发展路径。如果擅长种植水果，可以计划扩大种植规模，引进优良品种，提升水果品质，打造特色水果品牌，通过发展特色农业

实现增收致富。

（二）借鉴成功案例，优化帮扶方案

通过阅读书籍、参加培训、与同行交流等方式，收集农业发展的成功案例。学习其他地区在产业发展、销售模式、品牌建设等方面的先进经验，结合自身实际情况，优化帮扶方案。借鉴电商销售农产品的成功做法，拓宽销售渠道，提高农产品销量。

（三）邀请专业指导，细化实施步骤

邀请农业专家、技术人员到田间地头、养殖场地进行指导。向他们请教种植养殖技术难题，听取他们对产业发展的建议。根据专家意见，细化帮扶计划的实施步骤，制订详细的时间表和任务清单，确保帮扶计划有序推进。

（四）动员家人参与，凝聚奋进合力

向家人详细介绍帮扶计划，让他们了解计划的目标和实施步骤，动员他们积极参与。分工合作，让每个人都承担起相应的责任。年轻人可以学习新技术、开拓销售渠道，老人可以帮忙照顾家庭、协助简单的农事活动，凝聚家庭的奋进合力，共同迈向富裕。

第三节　农村移风易俗——融入乡村文化密码

一、严格遵循传统节日仪式，传承民俗文化

（一）提前筹备祭品，表达敬重之心

在传统祭拜节日前夕，早早开始筹备祭品。如春节前，精

心挑选上等的瓜果、点心，这些祭品要新鲜、饱满，色泽鲜艳。对于祭祀用的香烛，也会仔细甄别，选择品质优良、气味纯正的。筹备过程中，内心满是对先辈和传统的敬重，每样祭品都饱含着真挚的心意。

（二）学习仪式流程，确保规范行礼

为了让节日仪式不出差错，认真向村里的长辈请教仪式流程。仔细聆听他们的讲解，了解每个步骤的先后顺序和意义，像清明祭扫时，先清扫墓地，再摆放祭品，最后上香叩拜。反复练习，记住每个动作的规范，力求在节日当天能以最标准的方式行礼。

（三）带领家人参与，营造节日氛围

节日当天，带领家中老少一同参与仪式。让孩子们帮忙摆放祭品，告知他们这些物品的用途，让他们感受节日的庄重。一家人整齐地站在祭祀台前，按照流程行礼，整个过程充满了仪式感。大家相互配合，欢声笑语中，营造出浓厚的节日氛围。

（四）分享节日内涵，弘扬传统文化

仪式结束后，趁着家人都在，分享传统节日的内涵。讲述春节是为了辞旧迎新、阖家团圆，清明是为了缅怀先辈、寄托哀思。通过分享，让家人尤其是晚辈，更深入地了解传统文化，将这些节日的意义铭记于心，弘扬传承下去。

二、全程尊重婚丧嫁娶流程，维护公序良俗

（一）喜事道贺帮忙，增添喜庆气氛

当村里有结婚喜事时，第一时间前往道贺。带上精心准备

的贺礼，向新人表达美好的祝福。主动询问主人家是否需要帮忙，帮忙布置婚礼现场，张贴喜庆的对联、喜字，悬挂彩色的气球。婚礼当天，帮忙招待宾客，引导大家就座，让婚礼氛围更加热闹喜庆。

（二）丧事肃穆协助，给予家属慰藉

遇到村里有人离世，怀着肃穆的心情前往吊唁。协助家属处理后事，帮忙搬运物品、布置灵堂。在灵堂前，安静地鞠躬默哀，表达对逝者的尊重。安慰悲伤的家属，倾听他们的倾诉，给予精神上的慰藉，让他们感受到温暖和支持。

（三）遵循流程办事，不搞特殊化

无论是喜事还是丧事，都严格遵循当地的流程和规矩。结婚时，按照提亲、订婚、迎亲等传统步骤进行，不擅自更改顺序或简化环节。办丧事时，从守灵、出殡到安葬，都依照习俗操作，不搞特殊化，维护乡村的公序良俗。

三、时刻留意日常禁忌，融入乡村生活细节

（一）知晓言语禁忌，避免无意冒犯

留意言语禁忌，如在一些特殊场合，避免说不吉利的话。向长辈们请教言语禁忌，牢牢记住，在日常交流中注意措辞，避免因言语不当而冒犯他人。

（二）牢记行为禁忌，尊重乡村习俗

了解村里的行为禁忌，如不要随意进入别人家的厨房，尤其是在一些特殊日子。在公共场合，注意自己的行为举止，不

随地吐痰、不乱扔垃圾。牢记这些禁忌，在日常生活中严格遵守，尊重乡村的习俗和村民的感受。

（三）提醒外来亲友，做好文化引导

当有外来亲友到访时，提前提醒他们村里的禁忌。如告知他们不要随意进入别人家院落，不要在祭祀场所大声喧哗。在亲友来访期间，做好文化引导，让他们也能尊重当地习俗，避免因不了解而产生麻烦。

（四）入乡随俗生活，赢得村民认可

在日常生活中，始终秉持入乡随俗的原则。按照村民的生活习惯作息，参与他们的日常活动。尊重当地的风俗习惯，与村民友好相处，时间久了，赢得了村民们的认可和信任，真正融入乡村生活。

第四节　促进乡村文化传承与创新——留住乡土记忆的关键

一、挖掘乡土文化资源

（一）田野调查梳理文化脉络

由专业人员带队，组织村民共同参与，深入田间地头、古老院落，对村落布局、传统耕作模式、民间故事传说等进行细致摸排，用影像、文字等方式记录。汇总形成详细资源清单，为后续保护利用提供依据。

（二）访谈耆老收集口述历史

邀请村中长者围坐讲述家族故事、先辈事迹，记录村庄历史变迁、传统技艺起源等内容。借助录音录像设备留存原始素材，经整理考证后，汇编成具有地方特色的历史文本，传承乡土记忆。

（三）整理古籍文献寻根溯源

动员村民整理家中族谱、旧书信、碑刻拓片等古籍文献，统一交由专业机构进行数字化处理。通过专家研究解读，梳理家族繁衍、文化交融脉络，明晰村落文化根源与发展轨迹。

（四）普查民间文物彰显底蕴

开展村民家中古旧物件普查，对老式农具、传统服饰、手工艺品等进行登记编号与价值评估。建立文物档案，选择合适场所进行陈列展示，让乡土文化以实物形式直观呈现。

二、保护传统民俗技艺

（一）建立技艺档案动态管理

组织技艺传承者配合专业人员，对传统技艺从原料准备、制作流程到成品展示，进行全流程影像记录。整理成图文并茂的档案，定期更新技艺发展变化，完整保留技艺全貌。

（二）认定传承人群重点扶持

依据技艺熟练程度、传承贡献等标准，评选出各级技艺传承人。通过政府补贴、提供展示平台等方式，保障传承者专心授艺，鼓励其招收年轻学徒，确保传统技艺代代相传。

（三）建设传承基地实践教学

利用乡村闲置场所改建技艺传承基地，配备专业教学设备与师资。面向村民开设传统技艺培训课程，采用理论讲解结合实际操作的方式，培养新一代技艺传承人才。

（四）推动活态传承融入生活

鼓励将传统技艺与现代生活需求结合，开发符合当下审美的产品。支持传承人参与乡村旅游项目，现场展示技艺，让传统技艺在实践应用中实现创新发展。

三、创新乡村文化形式

（一）结合数字技术打造线上体验

借助数字技术，将乡村风光、民俗活动、传统技艺等制作成全景视频、互动游戏。村民可通过手机、计算机等设备参与体验，打破地域限制，让乡村文化传播得更远更广。

（二）融合新兴艺术丰富表现形式

把乡村传说、农耕文化等元素与现代音乐、舞蹈、戏剧融合，编排具有地方特色的文艺节目。通过文艺演出、短视频等形式呈现，赋予传统文化新的艺术魅力。

（三）开发文创产品延伸文化价值

挖掘乡村特色文化符号，设计制作文具、饰品、家居用品等文创产品。村民可参与生产制作，通过线上线下销售，既增加收入，又推动乡村文化走向市场。

（四）举办特色节事营造文化氛围

依托乡村特色文化资源，举办民俗文化节、非遗展演等活动。设置互动体验环节，吸引游客参与，打造乡村文化品牌，提升乡村文化的知名度和吸引力。

四、培育乡村文化人才

（一）开设专业课程系统培养

高校、职校与乡村合作开设文化传承创新课程，涵盖文化理论、技艺实践、经营管理等内容。村民通过学习培训，掌握专业知识和技能，成为乡村文化发展的骨干力量。

（二）开展师徒传承技艺接力

鼓励技艺传承人招收徒弟，建立“一对一”教学模式。师傅手把手传授技艺，徒弟认真学习实践，定期组织成果展示和评比，激发师徒传承积极性。

（三）吸引返乡青年注入活力

出台优惠政策，鼓励外出务工青年、大学生返乡参与乡村文化建设，为其提供创业指导、技能培训和项目对接，借助他们的新思想、新技能推动乡村文化创新发展。

（四）引进外部人才智力支持

通过合作项目邀请文化创意、艺术设计等领域人才下乡指导。与村民交流合作，将先进理念和技术引入乡村，为乡村文化传承创新提供新思路和新方法。

第五节　文明乡风——涵养农民文明素养

一、宅基地边界礼仪

（一）宅基地边界的确认与尊重原则

须以宅基地确权证书为依据，明确四至界限。未经许可，不得擅自跨越边界搭建构筑物、种植作物。对历史形成的边界标记，应共同维护，不得私自改动。若对边界存在争议，应通过合法途径核实，不得强行侵占。

（二）邻里宅基地相邻区域的使用礼仪

相邻区域使用须兼顾双方利益，避免因堆放杂物、排放污水等影响他人。搭建围墙、栅栏应预留合理间距，不得妨碍邻里通风、采光。临时占用相邻区域须提前协商，约定使用期限及恢复方式，到期及时清理。

（三）宅基地扩建、修缮时的沟通与告知规范

扩建前须向村委会报备，确认符合规划。施工前书面或口头告知相邻农户，说明施工范围、工期及可能产生的影响。施工中避免占用他人宅基地，如因施工造成邻里财物损坏，应及时修复或赔偿。

二、公共设施使用规范

（一）乡村道路、桥梁的文明使用礼仪

行驶车辆须遵守限速规定，不得超载碾压路面。不得在道

路两侧堆放杂物、晾晒农作物，确保通行畅通。桥梁上禁止停放车辆、摆摊设点，避免重物集中堆放影响结构安全。遇路面损坏应及时向村委会报告。

（二）文化活动中心、健身器材等公共设施的爱护与使用准则

进入文化活动中心须保持安静，爱护桌椅、书籍等物品，活动结束后清理现场。使用健身器材前检查是否完好，按说明规范操作，避免违规使用造成损坏。未成年人使用器材须有成人监护，防止意外发生。

（三）公共水源、灌溉设施的合理利用与维护规范

取用公共水源须节约用水，不得随意浪费或污染。灌溉时按顺序使用水利设施，避免争抢水源引发纠纷。发现管道破裂、闸门损坏等情况，应及时通知管理方维修，禁止私自拆卸、改装设施。

三、矛盾纠纷化解方式

（一）矛盾纠纷发生时的冷静沟通技巧

保持情绪稳定，避免言语冲突或肢体对抗。陈述事实须客观，不夸大、不隐瞒，耐心倾听对方意见。聚焦问题本身，不翻旧账、不进行人身攻击，尝试提出双方可接受的解决方案。

（二）借助村规民约与调解组织解决纠纷的礼仪

尊重村规民约的约定，认可调解组织的权威性。参与调解时准时到场，衣着整洁，言行得体。对调解员的提问如实回应，不无理狡辩，认真考虑调解建议，积极配合调解过程。

（三）纠纷解决后的关系修复与相处之道

认可调解结果并主动履行约定，不私下反悔或报复。见面时保持礼貌，可主动打招呼，逐步恢复正常交往。涉及生产生活互助时，仍应秉持友善态度，不因过往纠纷拒绝合理协助。

第五章　农业生产与合作沟通

第一节　共同参与农业生产——劳作深度交流

一、积极投身春种秋收，与伙伴同甘共苦

（一）春播时节抢先干，撒下希望种子

春播的钟声刚敲响，就早早行动起来。天还未亮，便来到田间，仔细检查农具，确保其完好无损。接着，按照规划好的区域，熟练地撒下饱满的种子，每粒都饱含着对丰收的期待。播种时，动作迅速且精准，为后续的生长奠定良好基础，同时也为伙伴们树立起积极劳作的榜样。

（二）夏日田间勤守护，不惧骄阳炙烤

炎炎夏日，太阳似火般炙烤着大地，田间的农作物正处于生长关键期。每天早早来到田间，查看作物生长状况，及时浇水、施肥、除草。即使汗水湿透了衣衫，被烈日晒得皮肤黝黑，也毫不退缩。穿梭在田间，密切关注每株作物的变化，为它们的茁壮成长保驾护航。

（三）金秋抢收争分秒，颗粒归仓不懈怠

金秋时节，丰收的喜悦弥漫在田野间。抢收时，与伙伴们

争分夺秒，天不亮就下地，一直忙碌到夜幕降临。大家分工明确，有的负责收割，有的负责搬运，有的负责晾晒。不放过任何一株成熟的作物，力求颗粒归仓，将辛勤劳作的成果完整地保存下来。

（四）寒冬复盘备耕忙，总结经验待翌年

寒冬，农事活动相对减少，但并没有闲着。仔细回顾过去一年的生产过程，从播种、田间管理到收获，将遇到的问题、解决方法以及成功经验一一记录下来。同时，根据总结的经验，着手准备翌年的春耕物资，如种子、化肥等，为翌年的生产做好充分准备。

二、主动协助解决生产突发问题，保障顺利进行

（一）面对设备故障，迅速排查抢修

在农业生产中，设备突然出现故障是很正常的事情。一旦发现农机异常，立即停止作业，迅速排查故障原因。凭借平时积累的维修知识和经验，仔细检查各个部件，判断是零件损坏还是线路故障。确定问题后，及时找来工具和备用零件，争分夺秒地进行抢修，尽快恢复设备正常运行，保障生产进度不受影响。

（二）遭遇恶劣天气，共商应对策略

当恶劣天气来袭，如暴雨、大风、高温等，第一时间与伙伴们聚集在一起，共同商讨应对策略。如果是暴雨，商量如何疏通沟渠，防止农田积水；若是大风，考虑怎样加固农作物支架，减少损失；面对干旱，探讨如何合理调配水资源，保障作

物用水。大家集思广益，共同应对大自然的挑战。

（三）发现病虫害侵，齐心防控治理

在田间发现农作物遭受病虫害侵袭时，马上通知伙伴们，齐心协力进行防控治理。一起查阅资料，确定病虫害的种类和防治方法。有的负责调配农药，有的负责喷洒，有的负责监测防治效果。大家分工协作，争取在最短时间内控制住病虫害的蔓延，保护农作物健康生长。

（四）遇上农资短缺，合力调配资源

当面临农资短缺的情况，如种子、化肥、农药不足时，主动与伙伴们沟通，共同想办法调配资源。联系周边的农资供应商，询问是否有现货；向其他农户打听，看是否能匀出一部分。还会在村里的互助群发布需求信息，整合各方资源，确保生产不受影响。

三、无私分享劳作经验，携手提升生产水平

（一）农闲定期交流，畅聊种植窍门

农闲时，定期组织大家聚在一起，分享种植经验和窍门。讲述自己在种植过程中总结出的土壤改良方法、施肥技巧、病虫害防治小妙招等。认真倾听他人的经验分享，互相学习，共同探讨如何提高农作物的产量和质量，为翌年的种植做好知识储备。

（二）现场实操示范，传授养殖技巧

对于养殖方面，在养殖现场进行实操示范。向新手们展示

如何挑选健康的种苗、如何合理调配饲料、如何做好疫病防控等。手把手地教他们操作，让他们亲身体验，加深对养殖技巧的理解和掌握，帮助他们提升养殖水平。

（三）整理心得笔记，供人借鉴学习

平时会将自己在农业生产中的心得和体会记录下来，整理成笔记。这些笔记涵盖种植、养殖、管理等各个方面，包括成功的案例和失败的教训。将笔记分享给其他农户，供他们借鉴学习，让大家在农业生产中少走弯路。

第二节　保持良好形象——赢得信任的外在名片

一、穿戴整洁朴素得体，展现朴实风貌

（一）晨起整理衣衫，保持干净整洁

每天清晨，当第一缕阳光洒进屋内，便起身整理自己的衣衫。仔细抚平衣服上的褶皱，检查纽扣是否齐全，领口是否平整。选择适合当天活动的衣物，即使是简单的衣衫，也要保证干净清爽，以整洁的形象开启新的一天，展现出积极的生活态度。

（二）劳作选对装备，注重实用舒适

在准备前往田间劳作时，会挑选合适的装备。穿上耐磨的长裤，避免被杂草和农具划伤；搭配舒适的胶鞋，在泥泞的田地里行走也能稳健自如。这些装备不仅实用，也体现出对劳动的尊重和认真。

（三）出席场合换装，契合氛围礼仪

当有重要场合，如村里的庆祝活动、与合作伙伴洽谈事务时，会根据场合的氛围和礼仪要求更换服装。穿上干净整洁的衬衫和长裤，搭配得体的鞋子，整体造型既简洁大方又不失庄重，让自己在不同场合都能举止得体，给他人留下良好印象。

（四）定期清洗衣物，维护良好形象

养成定期清洗衣物的习惯，将穿过的衣物及时洗净。对于劳作时沾满泥土的衣物，会仔细搓洗，去除污渍。晾晒时，将衣物平整展开，让阳光充分照射，不仅能杀菌消毒，还能让衣物保持清新的气味，时刻维护自己干净整洁的良好形象。

二、言谈举止文明有礼，彰显个人素养

（一）交谈使用敬语，尊重他人感受

与人交谈时，总是将“请”“谢谢”“麻烦您”等敬语挂在嘴边。称呼长辈时，用恰当的尊称，表达对他们的敬重。认真倾听对方讲话，不随意打断，充分尊重他人的表达和感受，使交流顺畅。

（二）公共场合守序，不吵不闹不挤

在村里的集市、聚会等公共场合，自觉遵守秩序。排队时，不插队、不拥挤，耐心等待。不大声喧哗，以免影响他人。尊重公共场合的环境和设施，爱护公共卫生，维护良好的公共秩序，展现出良好的个人素养。

（三）遇到分歧冷静，理性沟通协商

当与他人出现意见分歧时，会先让自己冷静下来，不急于争吵。认真倾听对方的观点，分析其中的合理性。然后，以平和的语气表达自己的想法，通过理性的沟通和协商，寻求双方都能接受的解决方案，避免矛盾升级。

（四）礼貌待人接物，赢得他人好感

在日常生活中，无论是面对熟悉的邻里，还是初次见面的陌生人，都礼貌待人接物。热情地迎接客人，主动为他们提供帮助。送别时，真诚地表达祝福。这种礼貌的态度，让周围的人都愿意与之交往，赢得了他人的好感和信任。

三、态度诚恳热情友善，拉近彼此距离

（一）初次见面微笑，主动打招呼问候

每当遇到初次见面的人，都会面带微笑，主动上前打招呼。一个温暖的微笑，一句简单的“您好”，瞬间拉近了彼此的距离，让对方感受到真诚和友善，为进一步的交流打下良好的基础。

（二）他人求助热心，全力帮忙解决

当有人前来寻求帮助时，总是热情回应，毫不犹豫地伸出援手。无论是帮忙搬运重物，还是解决农业生产中的难题，都会尽全力去做。在帮助他人的过程中，收获了友谊和信任，也让乡村充满了互助的温暖。

（三）日常交流真诚，分享喜怒哀乐

在与邻里的日常交流中，保持真诚的态度。分享自己生活中的喜悦，如农作物丰收的喜悦；也倾诉遇到的烦恼，如农业生产中的困难。倾听他人的故事，互相理解，互相支持，增进彼此之间的感情。

（四）组织活动积极，凝聚团队情谊

积极参与村里组织的各类活动，如农事竞赛、文艺表演等。在活动中，发挥自己的特长，为活动的顺利开展贡献力量。通过这些活动，凝聚了团队情谊，让大家更加团结，共同营造和谐美好的乡村生活。

第三节　增加沟通趣味性——轻松有效沟通

一、踊跃参与农业知识竞赛，在趣味中提升技能

（一）赛前组队备战，分工复习知识

得知有农业知识竞赛，便积极行动起来，四处寻找志同道合的伙伴组队。和队友们一起商量备战计划，根据各自的优势进行分工。有人擅长农作物种植知识，就负责复习这方面的内容；有人对养殖技术了解较多，就主攻养殖版块。大家互相交流学习资料，利用业余时间认真复习，为竞赛做充分准备。

（二）竞赛踊跃抢答，展现知识储备

竞赛现场，气氛紧张而热烈。当主持人提出问题，迅速思

考，凭借扎实的知识储备，踊跃举手抢答。声音洪亮地说出答案，答对时，和队友们一起欢呼雀跃；答错了，也不气馁，认真听其他队伍的回答，学习新知识。通过积极参与，充分展现自己的知识水平。

（三）赛后复盘总结，查漏补缺提升

竞赛结束后，和队友们围坐在一起，对比赛过程进行复盘总结。回顾那些答对的题目，巩固知识点；分析答错的题目，找出自己的知识漏洞。大家互相交流学习心得，制订后续的学习计划，查漏补缺，不断提升自己的农业知识和技能。

（四）分享参赛感悟，激发学习热情

将自己在竞赛中的所见所闻、所思所感分享给其他没有参赛的人。讲述竞赛中遇到的难题，以及通过努力解决问题的过程，分享获得的新知识和新技能。鼓励大家一起学习农业知识，激发他们对农业知识的学习热情，营造良好的学习氛围。

二、巧用幽默语言交流，化解沟通隔阂

（一）察觉气氛紧张，幽默调侃几句

在与他人交流时，一旦察觉到气氛变得紧张，就会巧妙地用幽默来缓解。如在讨论农业生产方案时，双方意见不合，气氛有些僵持，这时笑着说：“看来咱们的想法就像两条不同方向的田埂，不过说不定能找到个交叉点呢！”简单的一句话，让大家紧绷的神经放松下来，气氛也变得融洽。

（二）面对意见分歧，诙谐表达观点

当和别人有意见分歧时，不会生硬地坚持自己的观点，而

是用诙谐的方式表达。如对方认为某种农药效果更好，自己却有不同看法，会笑着说："你说的那种农药就像个急性子，效果来得快；我推荐的这个更像慢性子，效果持久，说不定搭配起来就是完美组合啦!"这样既表达了自己的观点，又避免起冲突。

（三）他人犯错尴尬，幽默化解窘境

如果看到有人因为犯错而陷入尴尬，会用幽默帮他化解。如有人不小心把农具弄掉了，场面有些尴尬，便开玩笑说："这农具是不是太想休息啦，自己就跑下去了。"大家听后一笑，尴尬的氛围瞬间消散，犯错的人也不再那么窘迫。

（四）日常交流幽默，拉近人际距离

在日常生活交流中，也常常运用幽默。和邻里聊天时，会用一些有趣的俗语、俏皮话，让交流变得轻松愉快。如说到天气干旱，会说："老天爷是不是把雨都藏起来啦，咱的庄稼都渴坏啦!"这种幽默的交流方式，让彼此之间的距离更近，关系更融洽。

第四节　组织合作组织——凝聚力量的组织引擎

一、带头发起成立合作社，整合资源抱团发展

（一）联络意向伙伴，共商合作大计

穿梭于村里村外，与那些对农业发展有想法、有干劲的人交流，了解他们的诉求与期望。从种植大户到养殖能手，逐一

拜访，诚恳地阐述合作发展的理念，描绘共同致富的美好蓝图。把大家召集到一起，围坐畅谈，探讨如何整合土地、人力、技术等资源，各抒己见，共商合作的具体方向与策略。

（二）筹备启动资金，奠定发展基础

深知启动资金是合作社发展的关键，于是积极奔走筹集。一方面，动员参与的伙伴们按照各自能力出资；另一方面，向银行咨询贷款政策，准备相关材料申请农业贷款。同时，关注政府的扶持项目，争取政策资金支持。多方努力，汇聚资金，为合作社的起步运作筑牢根基。

（三）起草章程草案，明确合作规范

静下心来，查阅大量合作社章程资料，结合本地实际和合作计划，起草章程草案。明确成员的权利与义务，规定利润分配方式、决策机制、财务管理等重要事项。细致考量每一条款，力求公平合理、切实可行，为合作社的规范运营提供准则。

（四）办理注册手续，开启合作征程

带着精心准备的材料，前往相关部门办理注册手续。仔细填写各类表格，应对审核过程中的询问与检查。确保每个环节都合规合法，顺利完成注册。拿到营业执照的那一刻，标志着合作社正式成立，开启了合作发展的新征程。

二、积极参与制订规章制度，确保合作有序进行

（一）结合实际需求，提出合理建议

深入了解合作社的运营模式和成员需求，针对日常管理、生

产协作、市场销售等环节，提出贴合实际的规章制度建议。如根据农业生产季节性特点，制订灵活的用工制度；依据市场波动情况，拟定销售价格调整机制，使制度更具实用性和可操作性。

（二）参与研讨修订，完善制度细节

与其他成员一起参与规章制度的研讨修订会议，认真倾听各方意见。针对大家提出的问题和建议，对草案中的条款进行反复推敲、修改。从文字表述到具体内容，力求精确无误，完善每处细节，让制度更趋完善。

（三）带头遵守执行，树立榜样力量

规章制度一旦确定，便以身作则，严格遵守执行。无论是按时参加会议，还是按规定进行生产操作、财务管理，都一丝不苟。用实际行动为其他成员树立榜样，带动大家共同维护制度的权威性。

（四）监督制度落实，维护合作秩序

主动承担起监督制度落实的责任，定期检查各环节的执行情况。发现问题及时指出，督促相关人员整改。对于违反制度的行为，依规严肃处理，确保合作秩序井然，保障合作社的稳定发展。

三、及时协调内部矛盾，维护合作组织团结稳定

（一）敏锐察觉矛盾，主动介入调解

时刻留意合作社内部成员之间的关系，凭借敏锐的观察力，一旦发现成员间有言语冲突、意见不合等矛盾迹象，便主

动上前询问情况。以平和的态度安抚双方情绪，引导他们冷静下来，为调解矛盾打下良好基础。

（二）倾听各方诉求，公平公正处理

将矛盾双方召集到一起，认真倾听他们各自的诉求和想法。不偏袒任何一方，站在客观公正的立场，分析矛盾产生的原因。从双方的利益出发，寻找问题的根源，为后续解决矛盾提供依据。

（三）寻求妥协方案，化解分歧冲突

在充分了解情况后，积极协调双方，寻求妥协方案。引导双方换位思考，互相理解，提出折中的办法，平衡双方利益。通过耐心沟通，促使双方达成共识，化解分歧冲突，让合作社恢复和谐氛围。

（四）事后跟踪回访，巩固调解成果

矛盾解决后，定期对相关成员进行跟踪回访，了解他们后续的相处情况。询问对调解结果是否满意，是否还存在其他问题。及时解决新出现的小摩擦，巩固调解成果，维护合作社的团结稳定。

第五节　农耕文化——传承中的交流方式与礼仪素养

一、乡村集市中农耕文化交流的礼仪规范

（一）与其他农户交流农耕经验的礼貌方式

与其他农户交流农耕经验时，主动问候，耐心倾听对方讲

述，不随意插话。分享自身经验时谦逊表述，如“我试过这种方法，效果还不错，你可以参考”。对不同见解不争执，以“互相学习”的态度探讨，体现交流中的尊重与友善。

（二）展示自家农产品时的文化介绍与礼仪

展示自家农产品时，整洁摆放，标明品种与种植方式。向询问者介绍农产品背后的农耕文化，如“这是用祖辈传下的有机种植法培育的，保留了老味道”。介绍时语气平和，不夸大其词，购买达成后礼貌致谢，展现诚信与文化自信。

（三）向外来者介绍本地农耕文化的沟通技巧

向外来者介绍本地农耕文化时，语言简明易懂，结合实物、图片辅助说明。讲述农耕历史、技艺时充满热情，突出地方特色，如“我们这的灌溉技术传承了几百年，既省水又高效”。耐心解答疑问，展现对本地农耕文化的珍视与自豪。

二、节庆活动中农耕文化展示的交流技巧

（一）农耕主题节庆活动中的讲解礼仪与内容准备

农耕主题节庆讲解前，备好资料，熟悉本地农耕历史、技艺细节。讲解时站姿端正，声音清晰，面对听众眼神交流。用语准确规范，避免方言晦涩表达。尊重听众感受，控制语速与时长，确保信息有效传递。

（二）与参与者互动体验农耕文化的沟通方式

与参与者互动体验时，先示范讲解农耕操作要点，如“插秧要注意深浅均匀”。参与者操作时，态度耐心，及时指

导纠正，多用鼓励性语言，如“做得不错，再试试这样”。互动中保持友善，让参与者感受农耕乐趣与文化内涵。

（三）通过表演等形式展示农耕文化的交流技巧

以表演展示农耕文化时，服饰、动作贴合场景，体现真实性。表演间隙，用简洁语言解说表演蕴含的农耕知识与精神，如“这出表演展现了我们祖辈抗旱保收的坚韧”。表演后感谢观众，接受掌声时保持微笑致意，增强文化传播效果。

第六章　政策与服务沟通

第一节　宣传政策法规——政策下乡的传播使者

一、认真学习政策法规，成为政策“明白人”

（一）每日抽出时间，研读政策原文

每天忙完农活，夜幕降临，坐在灯光下，翻开各类农业政策法规文件。从中央一号文件到地方的农业扶持政策，逐字逐句研读。手指随着文字移动，不放过任何一个细节，碰到晦涩难懂的专业术语，就用红笔圈出，后续深入研究或请教专家，全身心投入到政策学习中。

（二）标注重点难点，请教专业人士

在研读过程中，将政策中的重点条款、实施细则以及自己难以理解的部分仔细标注。像农业补贴的申请条件、新型农业经营主体的扶持政策等，都是关注重点。带着这些疑问，向村里的大学生、农业农村部门工作人员请教，认真聆听他们的解读，直至完全理解。

（三）结合自身实际，领会政策深意

思考这些政策法规与农业生产、乡村生活的联系。如土地

流转政策对自家土地经营的影响，农产品质量安全法规如何保障农产品销售。通过结合实际，更加深刻领会政策背后促进农业发展、保障农民权益的深意，让政策不再是抽象的文字。

（四）整理学习笔记，随时巩固复习

将学习过程中的重点内容、疑问解答、心得体会整理成学习笔记。按照政策类别分类记录，方便查阅。闲暇时，拿出笔记巩固复习，强化记忆，确保对政策法规的理解准确且深刻，随时能为他人解答疑惑。

二、积极发放宣传手册，让政策家喻户晓

（一）领取手册资料，熟悉内容要点

前往村委会或相关部门，领取最新的政策宣传手册。回到家后，一页页翻阅，熟悉手册中的内容要点，如农业保险政策、乡村振兴战略规划等。将复杂的政策内容转化为自己能理解的要点，为后续宣传做好准备。

（二）走村串巷发放，耐心答疑解惑

背着装满宣传手册的背包，穿梭在村里的大街小巷。每到一户人家，都热情地递上手册，微笑介绍里面的重要政策。遇到村民提问，耐心解答，用通俗易懂的语言解释政策条款，确保村民清楚明白。

（三）巧用乡村集会，扩大发放范围

在乡村集市、庙会等集会时，带上大量宣传手册来到现场。在人群密集处设立宣传点，向过往的村民发放手册，讲解

政策。利用集会人流量大的优势，让更多人了解政策，扩大政策宣传的覆盖面。

（四）收集反馈信息，确保效果达成

发放宣传手册后，留意村民的反馈，并进行整理总结。询问他们对政策的理解程度，是否还有疑问。根据反馈，调整宣传方式和内容，确保政策宣传取得实效，让家家户户都知晓政策。

三、主动举办政策解读讲座，助力乡亲理解政策

（一）邀请专家讲师，筹备讲座事宜

联系农业农村部门、科研机构的专家学者，邀请他们来村里举办政策解读讲座。与专家沟通讲座内容、时间安排，准备讲座所需的资料、设备。向村民发布讲座通知，鼓励大家积极参与。

（二）布置讲座场地，营造学习氛围

在村里的文化礼堂或会议室布置讲座场地。摆放整齐桌椅，张贴宣传标语，悬挂政策相关的图片资料。调试好音响、投影仪等设备，营造浓厚的学习氛围，让村民能舒适地聆听讲座。

（三）讲座全程引导，鼓励互动提问

讲座开始后，在现场引导村民就座，维持秩序。鼓励村民积极提问，当村民提出疑问时，及时请专家解答。对于一些复杂问题，帮忙补充解释，促进村民与专家的互动交流。

（四）收集听众意见，后续优化改进

讲座结束后，向村民发放调查问卷，收集他们对讲座内容、形式的意见和建议。整理这些反馈，与专家讨论，为后续举办类似讲座提供参考，不断优化政策解读的方式和效果。

第二节 政府扶植——助力农业发展的政策礼包

一、全力申报产业扶持项目，争取发展机遇

（一）关注项目信息，筛选适配申报

每日都会抽出时间浏览政府农业农村部门官网、政务公众号，还会定期去村委会打听产业扶持项目动态。一旦有新消息，便仔细研读项目申报指南，从申报条件、扶持方向、补贴力度等方面考量，筛选出与自身农业生产实际情况契合的项目，如特色农产品种植加工项目、农业产业化联合体建设项目等。

（二）按照要求准备，精心整理资料

确定申报项目后，对照申报要求，着手收集整理资料。准备土地流转合同、农产品质量检测报告、营业执照等基础材料，再梳理农业生产规模、技术优势、市场前景分析等关键资料，确保内容翔实准确。对每份资料都进行仔细核对，按顺序装订成册，为申报做好充分准备。

（三）提前模拟答辩，提升申报能力

若申报涉及项目答辩环节，会邀请村里有经验的人或相关

专家充当评委，进行模拟答辩。提前准备好项目介绍 PPT，模拟评委提问环节，锻炼语言表达和应变能力。针对模拟中暴露的问题，如回答不流畅、重点不突出等，反复修改完善，力求在正式答辩时表现出色。

（四）跟进申报进度，及时补充完善

提交申报材料后，定期与负责部门沟通，了解申报进度。若被要求补充材料，第一时间响应，按照要求迅速补充相关证明文件、数据说明等。时刻关注申报流程，确保每个环节都顺利推进，争取成功获批项目。

二、努力争取科技创新资金，为农业创新赋能

（一）调研创新需求，规划资金用途

深入分析农业生产中的痛点和难点，如农作物病虫害绿色防控技术缺失、农产品保鲜技术落后等。通过查阅资料、咨询专家，确定科技创新方向，规划资金用途。如打算用资金引进先进的病虫害监测设备，建立农产品冷链保鲜库，为农业科技创新做好前期规划。

（二）撰写项目提案，突出创新亮点

围绕创新需求和资金用途，撰写科技创新项目提案。详细阐述创新项目的背景、目标、实施步骤和预期效果，突出项目的创新性和实用性。强调项目对提升农业生产效率、降低成本、保护环境的积极作用，如利用无人机进行农药精准喷洒，既提高效率又减少农药使用量。

（三）对接科研机构，联合申报攻关

主动联系农业科研院校、专业技术机构，寻求合作机会。与他们共同探讨创新项目的可行性，分享自己的实践经验和需求。联合组建申报团队，整合双方优势资源，共同申报科技创新资金。借助科研机构的技术力量，攻克农业生产中的技术难题。

（四）获得资金后管，确保专款专用

成功获得科技创新资金后，建立专门的资金管理账户，严格按照申报时的规划使用资金。制订详细的资金使用计划，明确每笔资金的流向，定期对资金使用情况进行审计和公示。确保资金全部用于农业科技创新项目，发挥最大效益。

三、协助落实税收优惠政策，减轻经营负担

（一）学习税收知识，了解优惠细则

参加当地税务部门组织的农业税收政策培训，认真学习农业相关税收法律法规，了解各类税收优惠政策细则。关注农产品初加工、农业生产资料销售等环节的税收减免政策，以及小型农业企业的税收优惠条件，做好知识储备。

（二）自查经营账目，核对申报条件

仔细梳理农业生产经营账目，统计农产品销售收入、成本支出等数据。对照税收优惠政策申报条件，如销售额标准、经营范围界定等，核对自身是否符合。对账目进行规范化管理，确保数据真实准确，为享受税收优惠政策提供依据。

（三）配合税务核查，提供真实资料

当税务部门进行税收优惠核查时，积极配合工作。提供完整的经营账目、发票凭证、合同协议等资料，如实说明农业生产经营情况。对于税务人员提出的问题，耐心解答，确保核查工作顺利进行，让税收优惠政策得以落实。

（四）享受优惠后，合理规划资金

成功享受税收优惠政策后，节省下来的资金用于农业生产的关键环节。如购置先进的农业机械设备，扩大生产规模，提升农产品品质，进一步提高农业生产效益，实现可持续发展。

第三节　培养示范户——引领农业创新的榜样力量

一、争当农业创新先锋，争取成为示范户

（一）学习创新理念，敢想敢试新技术

每日都会花时间浏览农业科技资讯，从农业网站、专业杂志中汲取最新的创新理念。得知无人机播种、智能灌溉等新技术后，仔细研究技术原理和操作方法，大胆设想如何应用到自家农田，不惧失败，积极联系技术供应商，筹备试验，立志成为新技术的首批尝试者。

（二）投入资金精力，打造创新样板田

下定决心后，将积攒的资金划出一部分，购置新设备、引进新品种。在选定的农田里，精心规划布局，按照新技术要求

进行操作。从平整土地到安装智能设备，每一步都亲力亲为，日夜守护，期待这片样板田能成为新技术应用的成功范例，为农业生产带来变革。

（三）对比试验效果，总结创新经验

在新技术应用过程中，设置对照区域，对比传统种植养殖方式与新技术的效果差异。定期记录农作物生长数据、养殖动物的健康状况和产量变化。分析数据，总结新技术的优势与不足，如无人机播种的均匀度、智能灌溉的节水效果等，形成详细的经验记录。

（四）主动申报评选，展示创新成果

了解到示范户评选活动后，积极准备申报材料。将样板田的试验数据、创新做法、取得的成果整理成册，配上清晰的照片和图表，生动展示新技术带来的成效。主动联系相关部门，提交申报资料，期待通过评选，让创新成果得到认可与推广。

二、虚心接受技术培训，发挥示范引领作用

（一）培训提前预习，带着问题学习

每次接到农业技术培训通知，都会提前查阅相关资料，了解培训主题和内容。针对自己在农业生产中遇到的难题，如病虫害绿色防控、新型肥料使用等，整理出问题清单。带着这些疑问参加培训，让学习更具针对性，力求在培训中找到解决方案。

（二）课堂认真听讲，掌握关键技术

培训课堂上，全神贯注地聆听专家讲解，眼睛紧紧盯着黑

板和演示设备。手中的笔不停地记录重点内容，遇到不懂的地方，及时举手提问。积极参与互动环节，与专家和其他学员交流，确保准确掌握关键技术，如新型农机具的操作要点、高效种植养殖技术的细节。

（三）课后实践运用，优化操作流程

培训结束后，马不停蹄地回到农田或养殖场，将所学技术运用到实际生产中。按照专家指导，调整种植养殖方法，操作新设备。在实践过程中，不断摸索，优化操作流程，使技术更贴合实际生产需求，提高生产效率和质量。

（四）示范先进技术，发挥示范引领

邀请周边农户到自己的生产场地，现场演示新技术的操作过程。一边操作，一边讲解技术原理和注意事项，分享实践中的经验和技巧。鼓励大家动手尝试，耐心解答他们的疑问，带动更多人学习和应用新技术，发挥示范引领作用。

三、热情分享成功经验，带动周边共同进步

（一）整理经验材料，形成可学案例

将自己在农业创新和技术应用过程中的点点滴滴进行整理，包括遇到的问题、解决方法、取得的成果等。把这些内容编写成详细的案例，配上图表和照片，使其更具可读性和可操作性。让其他农户能通过案例，清晰了解创新实践的全过程，便于学习借鉴。

（二）举办分享会，现场传授窍门

在村里组织经验分享会，邀请周边农户参加。会上，生动

地讲述自己的创新故事，详细介绍成功经验和实用窍门。如讲解如何利用生物防治技术替代化学农药，降低生产成本的同时保障农产品质量安全。现场演示操作方法，让大家能直观学习。

（三）线上建群交流，随时答疑解惑

建立线上交流群，邀请农户加入。在群里定期分享农业创新知识、技术应用经验和市场信息。当农户遇到问题时，及时在群里解答，提供建议和帮助。还会分享一些优质的农业学习资源，如在线课程、技术文档等，方便大家随时学习。

（四）鼓励他人尝试，携手共同成长

积极鼓励周边农户尝试新技术、新方法，消除他们的顾虑。分享自己在尝试过程中的收获和成长，告诉他们不要害怕失败。当农户决定尝试时，给予支持和指导，从技术咨询到物资协助，陪伴他们一起成长，共同推动农业发展。

第四节　建立科技文化站——农业交流平台

一、积极参与科技图书借阅，汲取知识养分

（一）办理借阅卡，熟悉借阅流程

在科技文化站建成开放后，第一时间前往，在工作人员的指导下，认真填写借阅卡办理表格，提供准确的个人信息。工作人员耐心讲解借阅流程，从如何查找书籍、借阅期限到逾期处理等细节都一一说明，用心记住每一步，确保之后借阅

顺利。

（二）挑选适合书，制订阅读计划

穿梭在书架间，仔细挑选适合自己农业生产实际的图书。从农作物种植技术、病虫害防治，到农业机械维修保养等各类书籍中，精心筛选。回到家后，制订详细的阅读计划，规定每天抽出固定时间阅读，如晚饭后一小时，让知识学习成为日常习惯。

（三）阅读做笔记，加深知识理解

在阅读过程中，旁边总会放着笔记本和笔，随时记录书中的重点内容、实用技巧和自己的疑问。看到关于新型肥料使用方法的介绍，详细记录适用作物、使用剂量和注意事项。遇到不理解的专业术语，标记下来以便后续查阅资料或请教他人，加深对知识的理解。

（四）读完写感悟，交流读书心得

读完一本书后，静下心来撰写阅读感悟，总结学到的新知识、对农业生产的新启发以及实践应用的思路。之后，再次来到科技文化站，与其他借阅者交流读书心得，分享自己的感悟和收获，同时聆听他人的见解，拓宽知识视野。

二、踊跃参加科技成果展览，拓宽科技视野

（一）关注展览预告，提前安排时间

时刻留意科技文化站发布的科技成果展览预告，无论是张贴在公告栏的海报，还是工作人员的通知，都不会错过。一旦

得知农业科技展览信息，便查看自己的日程安排，提前协调好农活时间，确保能按时参加展览，不错过学习前沿科技的机会。

（二）参观仔细看，了解前沿成果

走进展览现场，被琳琅满目的科技成果吸引。从无人机植保技术、智能温室控制系统，到新型农产品加工设备，逐一仔细观看。认真阅读展板上的介绍，了解技术原理、应用场景和实际效果，不时驻足观察展品细节，感受科技为农业带来的巨大变革。

（三）与专家交流，请教技术疑问

发现展览现场有专家讲解和答疑，便主动上前交流。将自己在农业生产中遇到的技术难题，如土壤改良效果不佳、农产品保鲜期短等问题，向专家请教。认真聆听专家的解答，记录下专业建议和解决方案，还与专家探讨新技术在本地的适用性。

（四）回来后分享，传播科技信息

参观结束后，迫不及待地回到村里，向周边农户分享展览上看到的科技成果。通过生动的描述、展示拍摄的照片，让大家了解无人机如何精准喷洒农药、智能温室怎样调控环境。传播科技信息，激发大家对新技术的兴趣和应用意愿。

三、主动投身文化交流活动，丰富乡村精神生活

（一）报名参加表演，展示才艺风采

看到科技文化站组织文化表演活动的通知，满怀热情地报名参加。凭借自己擅长的民间舞蹈或传统乐器演奏，积极准备节目。利用业余时间反复练习，从动作规范到节奏把握，力求做到最好，期待在表演中展示乡村文化魅力和个人才艺风采。

（二）参与文化研讨，发表见解看法

参与科技文化站举办的文化研讨活动，围绕乡村传统文化传承、现代文化融合等话题展开讨论。结合自己在乡村生活的经历和感受，发表对传统农耕文化保护、乡村文化创新发展的见解和看法。认真倾听他人观点，相互学习，共同探索乡村文化发展之路。

（三）协助组织活动，保障顺利进行

主动协助工作人员组织文化交流活动，帮忙布置活动场地，悬挂彩色灯笼、张贴宣传海报，营造浓厚的文化氛围。活动当天，负责引导观众就座、维持现场秩序，确保活动顺利进行，让大家都能尽情享受文化盛宴。

（四）感受文化魅力，提升精神境界

在参与文化交流活动的过程中，深刻感受到乡村文化的独特魅力。从传统民俗表演到文化研讨中的思想碰撞，心灵得到滋养，精神境界得到提升。更加热爱乡村文化，也坚定了传承和弘扬乡村文化的决心。

四、协助举办农业科技讲座，传播前沿知识

（一）帮忙布置场地，营造学术氛围

得知科技文化站要举办农业科技讲座，主动报名志愿者，前往帮忙布置场地。摆放整齐桌椅，调试好投影仪、音响等设

备。在教室四周张贴农业科技海报，展示最新的科研成果和实用技术，营造浓厚的学术氛围，迎接专家和听众的到来。

（二）会前邀请嘉宾，确保人气热度

在讲座开始前，协助工作人员邀请村里的种植养殖大户、农业爱好者等参加讲座。挨家挨户上门通知，介绍讲座的主题、专家背景和内容亮点，吸引大家的兴趣。还通过村里的广播、微信群发布消息，确保更多人知晓，提高讲座的人气和关注度。

（三）讲座维持秩序，保障听讲效果

讲座进行时，在现场维持秩序，提醒大家将手机调至静音，保持安静。当有听众提问时，协助传递话筒，确保提问清晰，专家解答准确。保障讲座顺利进行，让大家都能专注听讲，学到实用的农业科技知识。

（四）会后收集反馈，助力讲座优化

讲座结束后，向听众发放调查问卷，收集他们对讲座内容、专家讲解、组织安排等方面的反馈意见。整理这些反馈，反馈给科技文化站工作人员和专家，为后续举办类似讲座提供参考，不断优化讲座质量，更好地传播农业科技知识。

第五节　解决实际问题——改善生活的实际行动

一、及时反映基础设施短板，推动乡村建设

（一）日常留意观察，发现问题所在

平时在村里走动、劳作时，时刻留意周边的基础设施状

况。关注道路是否坑洼不平，每逢雨天，泥泞的路面给出行带来极大不便；查看灌溉渠道是否堵塞，影响农作物的用水；留意村里的照明设施是否完好，夜晚出行是否安全。将这些问题默默记在心里，为后续解决提供线索。

（二）梳理问题清单，上报相关部门

梳理观察到的基础设施问题，形成详细的问题清单。注明问题的具体位置、表现形式以及对生活生产的影响程度。例如，列出某条主要道路在村东头路段有多处大坑，车辆通行颠簸，村民出行存在安全隐患；某灌溉渠在村南农田段因杂物堆积导致水流不畅，影响了周边上百亩农田灌溉。整理好清单后，及时上报给村委会或相关部门。

（三）跟进处理进度，督促早日解决

上报问题后，定期与相关部门沟通，了解处理进度。主动询问道路修缮计划何时实施，灌溉渠道清理工作安排在什么时间。对于处理进度缓慢的问题，礼貌地督促相关部门加快解决，强调这些问题对村民生活和农业生产的重要性，争取让基础设施问题早日得到解决。

（四）参与建设过程，确保符合需求

当基础设施建设项目启动时，积极参与其中。在道路修缮现场，帮忙搬运建筑材料，监督施工质量，确保路面铺设平整、厚度达标。对于灌溉渠道建设，根据实际用水需求，向施工人员提出合理建议，如调整渠道走向、增设分水口等，使建成后的基础设施真正符合村民的生产生活需求。

二、共同商讨农产品滞销对策，打通销售梗阻

（一）分析滞销原因，找准问题症结

面对农产品滞销的困境，冷静下来分析原因。仔细思考是市场供过于求，同类产品竞争激烈，还是自身农产品品质不够突出，抑或销售渠道单一。通过市场调研、与其他农户交流以及查阅相关资料，找出导致滞销的关键因素，为制订针对性对策提供依据。

（二）发动人际网络，拓展销售渠道

充分利用自己的人际网络，联系亲朋好友、以前的客户以及周边城镇的商家，向他们介绍农产品的特点、优势和当前滞销的情况，寻求销售机会。还积极与当地的超市、农贸市场的批发商沟通，争取让农产品进入这些销售渠道，拓宽销路。

（三）利用电商平台，线上促销推广

意识到电商平台的巨大潜力，积极学习电商知识，在各大电商平台注册账号，上架农产品。拍摄精美的农产品图片，撰写详细的产品介绍，突出农产品的绿色、新鲜、原生态等特点。利用电商平台的促销活动，如打折、满减、直播带货等方式，吸引消费者购买，打开线上销售渠道。

（四）优化产品包装，提升产品吸引力

注重农产品的包装设计，选择环保、美观且实用的包装材料。根据农产品的特点，设计个性化的包装，如为水果定制带有透气孔的包装盒，为蔬菜设计保鲜包装。在包装上印上农产

品的品牌标识、产地信息等，提升产品的辨识度和吸引力，增加消费者购买的欲望。

三、协助办理社会保障事务，筑牢生活保障

（一）了解社保政策，明确参保权益

主动学习社会保障政策，通过政府官网、政策宣传手册以及咨询社保部门工作人员，详细了解养老保险、医疗保险、失业保险等各类社保政策的参保条件、缴费标准、待遇领取等内容。明确参保后能享受到的权益，如养老金领取、医疗费用报销等，为协助他人参保做好知识储备。

（二）收集参保资料，协助办理手续

帮助村里的老人、残疾人等行动不便或不熟悉办理流程的人收集参保所需资料，如身份证、户口本复印件、照片等，仔细核对资料的准确性和完整性。带领他们前往社保办理地点，协助填写参保登记表，办理参保手续，确保他们顺利参保。

（三）宣传社保知识，鼓励大家参保

在村里宣传社会保障知识，通过举办小型讲座、发放宣传资料等方式，向村民讲解社保的重要性和参保的好处。用通俗易懂的语言解释政策条款，如缴纳养老保险能在年老后有稳定的生活来源，参加医疗保险能减轻看病就医的经济负担。鼓励村民积极参保，提高社保覆盖率。

（四）关注社保动态，及时办理变更

时刻关注社保政策的动态变化，如缴费标准调整、待遇提

升等信息。及时告知已参保村民，让他们了解自己的权益变化。对于村民因就业、户籍变动等原因需要办理社保变更手续的，协助他们准备资料，办理相关手续，确保社保关系的连续性和权益的保障。

第六节　领导协助沟通——权威助力交流

一、真诚邀请领导参与活动，提振发展信心

（一）策划精彩活动，拟定邀请方案

精心筹备一场农产品丰收节活动，涵盖农产品展示、农耕文化表演、农业技术交流等环节。详细规划活动流程，设计富有特色的展示摊位，安排趣味十足的文化节目。据此拟定邀请方案，明确邀请领导的名单、职务，以及活动的时间、地点和主要议程，突出活动对乡村农业发展的重要意义。

（二）提前送达请柬，说明活动意义

提前一周将精心制作的请柬送到领导手中，当面诚恳地向领导介绍活动内容，强调此次丰收节不仅是对一年辛勤劳作成果的展示，更是促进乡村产业交流、吸引投资的重要契机。希望领导的参与能为活动增添光彩，带动更多资源向乡村倾斜，助力农业发展。

（三）活动当日接待，展现热情周到

活动当天，早早在入口处等候领导。见到领导后，热情迎接，引导领导签到，并安排专人陪同领导参观农产品展示区，

详细介绍各类特色农产品的种植养殖过程和优势。在表演环节，为领导安排最佳观看位置，提供舒适的休息场所，展现出热情周到的接待服务。

（四）借助领导讲话，鼓舞团队士气

在活动的重要环节，邀请领导上台讲话。领导肯定了大家的努力和成绩，对乡村农业发展提出了期望和支持。认真聆听领导讲话，将领导的鼓励传达给每位参与者，鼓舞团队士气，激发大家为乡村发展继续奋斗的热情。

二、主动向领导汇报工作，争取资源支持

（一）梳理工作亮点，准备汇报材料

全面梳理过去一段时间在农业生产、产业发展方面的工作。整理出成功引进的新型农作物品种、产量提升的数据，以及带领村民拓展销售渠道的成果等亮点。将这些内容制作成图文并茂的汇报材料，附上详细的数据图表和案例分析，让汇报更具说服力。

（二）预约汇报时间，准时到场汇报

提前与领导秘书沟通，预约合适的汇报时间。在约定时间前半小时到达，做好充分准备。进入领导办公室后，礼貌问候，按照准备好的材料有条理地进行汇报，突出重点工作和关键成果，让领导快速了解工作全貌。

（三）如实汇报困难，提出资源需求

汇报完工作亮点后，坦诚地向领导讲述当前面临的困难，

如农业基础设施老化需要修缮、缺乏先进的农业技术人才、资金短缺影响产业扩大等。根据这些困难，提出具体的资源需求，如申请修缮基础设施的资金、希望协调农业专家前来指导、请求政策扶持引进人才等。

（四）记录领导指示，后续落实执行

认真记录领导针对汇报内容给出的指示和建议，包括对解决困难的思路、对下一步工作的指导方向等。汇报结束后，按照领导指示，制订详细的执行计划，明确责任人和时间节点，确保领导的指示得到有效落实。

三、善用领导影响力，推动政策落地生根

（一）领会领导意图，制订执行方案

在领导传达关于乡村振兴相关政策时，认真领会领导对政策实施的意图和期望。结合本地实际情况，制订详细的执行方案，明确每个阶段的工作目标、任务分工和时间安排，确保政策执行不走样。

（二）借助领导名义，协调各方力量

在推进政策实施过程中，遇到部门间协调困难、村民配合度不高等问题时，借助领导的名义进行沟通协调。向相关部门和村民说明这是领导关注和推动的工作，争取各方积极配合。组织召开协调会议，明确各方责任，共同推进政策落实。

（三）及时反馈问题，争取领导支持

在政策执行过程中，及时发现问题并向领导反馈，如政策

在实际操作中遇到的阻碍、村民的合理诉求等。请求领导给予支持和指导，调整执行策略，确保政策能够顺利落地，切实为乡村发展带来实效。

（四）总结落地经验，推广成功做法

政策实施一段时间后，总结政策落地过程中的经验教训。将成功的做法整理成案例，向其他地区推广，同时也为后续政策的实施提供参考，不断提升政策执行的效果和效率。

第七章　日常社交礼仪

第一节　着装礼仪——得体穿着彰显农民风貌

一、依据不同场合，精心挑选合适着装

（一）田间劳作着装，重实用舒适

在准备下田劳作时，会挑选耐磨的粗布长裤，它能有效防止被田间的作物、农具划伤。上衣则选宽松的棉质短袖，透气吸汗，即使长时间在烈日下劳作，也能保持相对舒适。搭配一双结实的胶鞋，不仅能在泥泞的田地里站稳，还能保护双脚。头戴一顶宽边草帽，既能遮阳，又方便随时擦拭汗水，全身心投入到劳作中。

（二）走亲访友时刻，求整洁大方

当要去走亲访友时，应注重穿着的整洁与大方。选择干净的衬衫搭配休闲长裤，颜色以素净为主，避免过于艳丽。确保衣服没有褶皱，扣子齐全。鞋子也会擦得干净光亮，整体形象简洁得体，以表达对亲友的尊重，展现出良好的精神状态。

（三）参加集会场合，选端庄得体

参加村里的集会，如庆祝活动、集体会议等，应挑选更为

端庄的服装。男士可能会穿上深色的中山装或简约的夹克外套，搭配深色长裤，显得稳重又精神。女士则会选择款式简洁的连衣裙或套装，颜色以淡雅为宜，既不过于张扬，又能体现出对集会的重视。

二、时刻保持服装整洁，展现良好精神面貌

（一）劳作后清洗，去除污渍汗味

田间劳作结束后，立刻换下满是污渍和汗味的衣服。将衣服浸泡在加了洗衣粉的水中，重点搓洗领口、袖口等污渍多的地方。对于顽固污渍，会用刷子轻轻刷洗，确保将泥土、汗渍等彻底洗净，晾晒后的衣服干净清爽，散发着阳光的味道。

（二）日常勤整理，抚平褶皱衣角

平日里，会经常整理自己的衣服。每次穿完后，及时挂好，若有褶皱，用手轻轻抚平。尤其是领口、袖口和衣角，这些地方容易起皱，更要仔细整理，让衣服始终保持平整，展现出利落的形象。

（三）发现破损处，及时修补完好

一旦发现衣服有破损，哪怕只是一个小口子，也会立刻找来针线进行修补。根据衣服的颜色挑选相近的线，认真穿针引线，细致地缝补破损处，针脚尽量细密均匀，让修补后的衣服看起来完好如初，不影响穿着。

（四）出门前自查，确保衣着整洁

每次出门前，都会对着镜子仔细检查自己的衣着。看看衣

服是否干净，有没有污渍残留，扣子是否扣好，拉链是否拉上。同时，整理一下衣角、领口，确保自己以整洁的形象出现在他人面前。

三、注重服装搭配技巧，展现个人审美品位

（一）色彩协调搭配，避免花哨杂乱

在搭配服装时，应注重色彩的协调性。如选择蓝色牛仔裤搭配白色短袖，清爽又舒适；或者深灰色外套搭配浅灰色衬衫，显得沉稳大气。避免使用过多过于鲜艳、花哨的颜色，以免给人杂乱无章的感觉，力求整体色彩搭配和谐自然。

（二）款式合理组合，契合自身气质

根据自己的身材和气质选择合适的服装款式。身材较为魁梧的，会选择宽松一些的上衣和直筒长裤，展现出豪迈的气质；身材娇小的，则挑选修身的衣服，凸显身材优势。同时，会结合不同场合选择款式，工作时偏向实用款，休闲时选择舒适款。

（三）配饰巧妙点缀，提升整体格调

懂得用配饰巧妙点缀服装。在走亲访友或参加集会时，男士可能会佩戴一块简约的手表，增添几分精致感；女士则会戴上一条淡雅的丝巾，或一对小巧的耳环，瞬间提升整体气质，让穿着更具品位。

（四）学习搭配知识，跟随时尚潮流

通过阅读时尚杂志、观看网络视频等方式学习服装搭配知

识。关注当下的时尚潮流趋势，将一些适合自己的时尚元素融入日常穿着。如这一季流行简约风格，就会在选择衣服时偏向简约设计，让自己既保留乡村特色，又跟上时代潮流。

第二节　见面礼仪——礼貌问候传递真诚善意

一、面带微笑主动问候，传递热情与友好

（一）清晨碰面瞬间，笑容先迎人

每天清晨，无论是出门劳作还是在村里散步，只要与他人碰面，脸上总会不自觉地绽放出笑容。那笑容仿佛带着清晨的朝气，嘴角微微上扬，眼睛里透着明亮的光，在开口问候之前，就已经用这温暖的笑容向对方传递出友好的信号，让对方感受到新一天的美好。

（二）路遇熟人之时，热情打招呼

当在路上遇到熟悉的人，会立刻加快脚步迎上去，脸上洋溢着热情的笑容，大声地打招呼。“早啊！今天看着精神头真好！”“忙啥去呀？”语气亲切自然，让人感受到真诚的关切，仿佛这简单的问候能拉近彼此之间的距离，让熟悉的情谊更加深厚。

（三）初次相见之际，微笑破冰

在初次与他人见面时，深知微笑是打破陌生感的最佳方式。主动露出真诚的微笑，微微露出牙齿，眼神中满是友善，然后大方地开口：“您好，很高兴认识您！”这笑容就像暖阳，

融化了初次见面的尴尬与隔阂，让交流能在轻松愉快的氛围中展开。

（四）心情不佳时候，也强展笑颜

即使有时心情不太好，在与人见面时，也会努力调整情绪，强展笑颜。因为明白自己的情绪不应该影响到他人，一个微笑或许能给自己也带来积极的改变。带着这样的想法，用笑容面对他人，在问候中传递出积极的态度，不让负面情绪流露。

二、使用恰当称呼交流，表达尊重之意

（一）长辈面前恭敬，用尊称敬语

在长辈面前，始终保持恭敬的态度，使用恰当的尊称和敬语。见到年长的男性，会称呼“大爷”“伯伯”，对年长女性则称“大娘”“阿姨”。说话时，语气谦逊温和，“您慢走”“您受累”等敬语常挂嘴边，以表达对长辈的敬重，传承尊老的传统美德。

（二）平辈相处亲切，呼小名昵称

与平辈相处时，氛围则变得亲切随意。会用熟悉的小名或昵称称呼对方，充满了浓浓的乡土气息和亲近感。这种称呼方式让彼此感觉更加亲近，交流也更加轻松自在，展现出乡村邻里间淳朴的情谊。

（三）面对陌生之人，礼貌问称呼

遇到陌生人时，会先礼貌地打招呼，然后询问对方称呼。

"您好，请问您怎么称呼？"语气客气有礼。得知对方姓名后，会用"张先生""李女士"等恰当称呼回应，让对方感受到尊重，为进一步交流营造良好开端。

（四）记住他人名号，下次准确唤

对于别人告知的名字，会用心记住。下次再见面时，能准确地叫出对方称呼，"王大哥，又见面了！"这会让对方感到被重视，从而增进彼此间的好感。记住他人名字，也是对他人的一种尊重，让交流更加顺畅自然。

三、规范握手行礼动作，彰显礼仪素养

（一）伸手时机恰当，不贸然抢先

在需要握手的场合，会注意观察并把握恰当的伸手时机。当与对方眼神交会，确认有握手意愿时，再伸出手。不会贸然抢先伸手，以免给对方造成压力。如果对方是长辈或上级，会等对方先伸手，再热情回应，展现出对他人的尊重和自身的修养。

（二）力度适中把握，不松垮绵软

握手时，会把握好力度。既不会过于用力，以免让对方感到不适，又不会松垮绵软，显得敷衍。用适中的力度握住对方的手，传递出坚定而友好的态度，让对方从这一握中感受到真诚与自信。

（三）姿势标准端正，不随意扭捏

握手时姿势标准端正，身体微微前倾，头部微微点头示

意。手臂自然伸出，肘关节略微弯曲，手掌垂直于地面，与对方的手充分接触。整个过程大方得体，不会随意扭捏，展现出良好的礼仪风范。

（四）眼神专注真诚，不飘忽游移

握手的同时，眼神专注地看着对方，眼神中充满真诚。不会眼神飘忽游移，左顾右盼，让对方感受到自己在用心与他们交流，通过眼神传递友好与尊重，使握手这一礼仪更具温度。

第三节　拜访礼仪——周全准备尽显谦逊尊重

一、提前预约拜访时间，避免贸然打扰

（一）计划拜访日前，致电问空闲

在计划拜访的前几天，会找到一个合适的时间，拿起电话联系拜访对象。拨通号码后，礼貌地询问对方近日是否方便，“您好，我想着过几天去拜访您，不知道您这几天什么时候有空呢?”语气亲切又客气，充分尊重对方的时间安排。

（二）说明来意目的，协商好时段

在电话中，清楚地向对方说明拜访的来意和目的，无论是请教农业种植技术，还是商量村里的事务。然后与对方协商具体的拜访时段，认真倾听对方的意见，共同确定一个双方都合适的时间，确保拜访顺利进行。

（三）如遇对方不便，灵活改时间

要是对方表示近期不方便，或是那个时段有事无法接待，

会立刻表示理解，并且灵活地提出更改拜访时间的建议。“没关系，您看您什么时候方便，我再过来，不着急的。”展现出通情达理的态度，不给对方增添任何困扰。

（四）准时赴约到达，不迟到拖延

到了约定的拜访时间，会提前做好准备，规划好出行路线，预留足够的时间前往。提前到达约定地点，要是因特殊情况可能会迟到，也会提前打电话告知对方，诚恳地说明情况并表达歉意。

二、挑选合适礼品馈赠，略表心意

（一）了解拜访对象，选对口礼品

在挑选礼品前，会仔细了解拜访对象的喜好和需求。如果对方喜欢喝茶，就精心挑选一些当地的优质茶叶；要是对方对农事器具感兴趣，就寻觅一件实用又特别的小农具作为礼品，确保礼品能送到对方心坎里。

（二）传统节日期间，挑应景好物

在传统节日期间拜访，会挑选应景的礼品。春节时，带上寓意吉祥的糕点、水果；中秋佳节，送上包装精美的月饼。这些应景的礼物不仅表达了节日的祝福，也体现了对传统习俗的尊重。

（三）注重礼品包装，显精致用心

会用心对待礼品包装，选择简洁大方又不失精致的包装材料。用彩色的丝带系上漂亮的蝴蝶结，或者在包装上附上一张

手写的祝福卡片，让礼品看起来更具心意，体现出对这次拜访的重视。

（四）亲手递交礼品，表真诚情谊

到达拜访地点后，会在合适的时机，双手将礼品递交给对方，面带微笑，真诚地说："这是一点小心意，希望您能喜欢。"用这种亲自递交的方式，传达出真挚的情谊，让对方感受到尊重和关怀。

三、遵循主客座次安排，展现谦逊态度

（一）进门先察座次，找准自己位置

一走进拜访对象的家门，会先观察屋内的座次安排。根据当地的习俗和场合，迅速找准自己该坐的位置，不随意就座，以免失礼。要是不确定，也可礼貌地询问主人。

（二）主人让座之后，谦辞再入座

等主人热情地邀请就座时，会先表示谦辞，"您太客气了，我随便坐就行。"在主人的邀请下，恭敬地入座，坐姿端正，展现出谦逊有礼的态度。

（三）交谈过程起身，不忘归原位

在交谈过程中，如果因为某些原因需要起身，如帮忙拿东西等，在事情结束后，会立刻回到原来的座位，不随意更换位置，始终遵守座次礼仪。

（四）离座告辞之前，答谢主家

在准备离座告辞之前，会真诚地感谢主人的款待，"今天打扰您了，感谢您的热情招待，让我收获很多。”言辞恳切，表达对主人的感激之情，给主人留下好印象。

第四节 电话礼仪——电波交流中的文明素养

一、接听电话及时礼貌开场，给对方留下好印象

（一）电话铃响三声，迅速拿起听

当电话铃声响起，无论手头正忙着什么，都会立刻停下手中动作，快速朝电话奔去。心里默默数着铃声，力争在三声之内拿起听筒。因为深知及时接听电话是对对方的尊重，若长时间不接，会让对方感到被冷落、不被重视。

（二）语气热情欢快，先致问候语

拿起电话后，嘴角不自觉地上扬，让语气听起来热情欢快。第一时间说出亲切的问候语，“您好！”简单的两个字，带着满满的诚意和温暖，瞬间拉近与对方的距离，营造出友好的交流氛围。

（三）自报家门清晰，让对方知晓

紧接着，清晰准确地自报家门，“我是［具体住址或身份相关信息］，请问您是？”明确告知对方自己的身份，方便对方确认来电对象，避免出现误解，让沟通一开始就顺畅无阻。

（四）耐心倾听片刻，辨对方来意

自报家门后，先耐心倾听对方讲话，不急于表达自己的想

法。通过对方最初的几句话，迅速辨别对方的来意，无论是咨询事情、寻求帮助还是其他事务，都能做到心中有数，为后续的交流做好准备。

二、清晰准确表达内容，确保沟通顺畅无误

（一）组织语言逻辑，不混乱繁杂

在表达自己的想法和回答对方问题时，会先在脑海中迅速组织语言。按照事情的先后顺序或重要程度，有条理地阐述观点，先说重点，再补充细节。如讲述农事安排，会先说明关键时间节点，再详细介绍具体操作，避免话语混乱繁杂，让对方能轻松理解。

（二）发音标准清晰，不含糊吞吐

说话时，力求发音标准清晰，每个字都咬字清楚。尤其是涉及专业术语、数字、地址等关键信息时，更是格外注意，不模糊、不含糊吞吐。放慢语速，确保对方能准确接收信息，若对方表示没听清，会耐心重复。

（三）语速平稳适中，不急促慌乱

保持语速平稳适中，既不过快让对方跟不上节奏，又不过慢使交流拖沓。遇到紧急事情，也会努力克制情绪，有条不紊地传达信息，让对方感受到沉稳可靠。

（四）重点内容强调，使对方记住

对于重要的内容，如约定的时间、地点，关键的事项要求等，会特意加重语气强调，或者用一些提示语，“特别要注意

的是……”“这里一定要记住……”加深对方的印象，方便对方准确记住，避免遗漏重要信息。

三、结束通话礼貌道别，展现良好修养

（一）确认沟通完毕，主动说再见

当确认双方沟通的内容已经完整，没有其他事项需要交流时，会主动提出结束通话，“那先这样，再见！”用简洁礼貌的话语，为这次通话画上句号，体现出良好的沟通素养。

（二）等待对方挂断，显尊重之意

说完“再见”后，不会立刻挂断电话，而是耐心等待对方先挂断。这短暂的等待，传递出对对方的尊重，让对方感受到自己的重视，避免因自己先挂断电话给对方带来不适。

（三）若遇急事中断，先致歉说明

如果在通话过程中突然遇到急事，不得不中断通话，会立刻向对方致歉，“实在不好意思，这边突然有点急事，能不能稍后再给您回过去？”诚恳地说明情况，征得对方的理解，事后也会尽快回电继续沟通。

（四）挂电话轻放下，免突兀声响

在对方挂断电话后，会轻轻放下听筒或点击结束通话按钮，避免用力过猛发出突兀的声响。这看似微小的举动，却能体现出对细节的关注和良好的修养。

第八章　出行与交往礼仪

第一节　乘车礼仪——公共交通中的秩序与公德

一、自觉排队候车上车，维护乘车秩序

（一）提前到达站点，按序站好等候

知晓要乘车出行后，会提前规划好时间，预留足够的缓冲，避免因匆忙而错过公共汽车或火车等。抵达公交站点，会先观察站点情况，找到队伍的末尾，安静地站定等待。在等待的过程中，不随意走动、不插队，耐心地看着车辆驶来的方向，偶尔看看时间，确保自己能准时上车。

（二）车来依次上车，不插队不拥挤

当公交车缓缓驶入站点，稳稳停住后，车门打开，便按排队顺序依次上车。上车时，步伐稳健，不慌不忙，避免因着急而推搡他人。如看到有人插队，会礼貌地提醒其遵守秩序；遇到行动不便的乘客，会主动放慢脚步，让他们先行，维持良好的上车秩序。

（三）携带大件物品，注意避让他人

如携带了如装满农产品的大编织袋、农具等大件物品，上

车时会格外留意。将物品尽量贴近自己身体，避免碰撞到其他乘客。上车后，也会将物品妥善安置在不影响他人走动的位置，若物品占据空间较大，会向周围乘客致歉，说明情况，请求谅解。

（四）引导同行伙伴，遵守排队规则

若和同伴一同乘车，会提醒他们遵守排队候车、上车的规则。向他们解释遵守秩序不仅能让大家顺利上车，还能体现个人素养。在排队过程中，会和同伴一起维持秩序，让更多人养成文明乘车的好习惯。

二、主动为有需要的人让座，传递爱心与温暖

（一）上车后多观察，留意老弱病残

一上车，便会扫视车厢，留意是否有老弱病残孕等需要帮助的乘客。看到老人脚步蹒跚，或是孕妇行动不便，便会在心里默默留意，准备随时提供帮助。还会关注带着小孩的乘客，考虑到他们可能需要更多照顾。

（二）起身礼貌示意，邀请对方入座

发现有需要的乘客后，会立刻起身，面带微笑，礼貌地向对方示意。微微侧身，用手轻轻指向座位，说道："您来这边坐吧。"态度真诚，让对方感受到关怀与尊重。

（三）解释让座缘由，让对方安心坐

为了让对方安心接受让座，会简单解释原因，如"我身体硬朗，站一会儿没事，您坐着更舒服些"或者"您带着孩

子，坐着方便照看”，消除对方可能存在的顾虑，让对方能坦然接受这份善意。

（四）带动周围乘客，弘扬让座风尚

希望自己的让座行为能感染周围乘客，带动更多人传递爱心。当看到其他人也起身给有需要的人让座时，会感到由衷的欣慰。大家一起弘扬让座的良好风尚，让公交车内充满温暖与关爱。

三、乘车时保持安静，营造舒适出行环境

（一）手机调至静音，避免铃声扰人

上车坐稳后，会第一时间将手机调至静音状态。不想因为手机铃声突然响起，打破车厢内的安静氛围，影响其他乘客休息或思考。即便有重要消息，也会静静查看或低声交谈，不发出太大声响。

（二）轻声交谈言语，不高谈阔论

若和同行的人交谈，会刻意压低声音，轻声细语地交流。避免谈论过于私密或敏感的话题，更不会大声喧哗、高谈阔论，尊重每位乘客享受安静旅程的权利。

（三）控制孩童嬉闹，防噪声过大

要是带着孩子乘车，会时刻留意孩子的行为，防止他们大声嬉闹。耐心地教育孩子在公共场合要遵守秩序，保持安静。一旦孩子发出较大声音，会及时制止，并向周围乘客道歉。

（四）戴上耳机听歌，自在又不扰人

想听音乐放松时，会戴上耳机，沉浸在自己的音乐世界里。这样既能享受音乐带来的愉悦，又不会影响其他乘客，让大家都能在安静、舒适的环境中乘车。

第二节　问路礼仪——求助之时的礼貌与感谢

一、礼貌询问路线信息，展现个人涵养

（一）选定询问对象，面带微笑上前

站在陌生的街道或路口，目光快速扫过周围的人群，挑选看起来和善、熟悉当地的人作为询问对象，如在附近开店的店主、散步的居民。确定好后，脸上立刻绽放出友好的微笑，步伐轻快又礼貌地走上前去，让对方感受到没有攻击性，很乐意提供帮助。

（二）开口先用敬语，礼貌询问路径

走到询问对象面前，微微点头示意，先说出“您好”“打扰一下”等敬语，引起对方注意，接着说道：“我想去[目的地名称]，不太清楚路线，您能给我指下路线吗？”语气谦逊温和，充分表达出对对方的尊重，让对方感受到礼貌与诚意。

（三）简述自身情况，方便对方指路

在询问时，简单介绍一下自己的情况，如“我是从外地

来这边办事的，对这一片不太熟”，让对方更清楚自己的状况，以便给出更详细、合适的路线指引，也能拉近距离，增加对方帮忙的意愿。

（四）眼神专注倾听，表认真态度

当对方开始指路，立刻专注地看着对方的眼睛，眼神里满是认真，不放过对方说的任何一个字，通过眼神传递出对对方指引的重视，也让对方讲解起来更有热情。

二、耐心倾听他人指引，确保方向正确

（一）对方指路时，停止手头动作

一旦对方开始指路，马上停下手中正在做的事情，如收起手机，放下手中的行李，全神贯注地聆听，不被其他事情干扰，给予对方充分的关注，让对方感受到自己的真诚。

（二）仔细听讲解，记住关键地标

竖起耳朵，仔细听对方讲解的每个细节，特别留意关键地标，像大型商场、标志性建筑、路口的独特标识等。在脑海中构建路线图，重复这些地标加深记忆，如默念“先走到前面的大超市，再右转……”

（三）如有不明白，适时礼貌追问

要是对对方说的某个地方或某个转弯不太理解，会适时礼貌地打断追问，“不好意思，您说的那个［不明白的地点］具体是在哪个方向呀？”或者“麻烦问下，到那个路口后是向右转还是向左转呢？”追问时态度诚恳，不急不躁。

（四）用笔记要点，辅助记忆路线

随身带着纸笔，在对方指路过程中，快速记录下关键信息，如街道名称、转弯方向、距离等。用简洁的符号和文字，将路线整理清楚，方便后续查看，辅助自己准确找到目的地。

三、得到帮助后真诚致谢，弘扬感恩美德

（一）听完指引后，立即表达谢意

对方刚说完指引内容，马上真诚地说道："太感谢您了，帮了我大忙！"让对方第一时间感受到自己的感激，语气热情，脸上带着真挚的笑容。

（二）感谢语真诚，让对方感受真诚

不仅说简单的感谢词，还会加上一些具体的表述，如"要不是您给我指路，我真不知道要走多少冤枉路，太谢谢您了！"用这些话语让对方切实体会到自己的感激之情是发自内心的。

（三）可适当馈赠，小小礼物表心意

如果随身带有小零食、水果，或者小纪念品，会礼貌地递给对方，"一点小意思，感谢您帮忙"，通过小小的礼物进一步表达感谢，让对方感受到自己的心意，但注意不要过分贵重，以免给对方造成压力。

（四）日后遇他人，传承助人精神

得到帮助后，心里默默想着以后遇到别人问路，也要像今

天帮助自己的人一样，热情耐心地提供帮助，将这份乐于助人的精神传递下去，让更多人感受到温暖。

第三节　进城礼仪——城乡交融中的言行规范

一、严格遵守城市交通规则，保障出行安全

（一）步行走人行道，不横穿马路

走进城市，踏上人行道，平坦且宽敞，时刻提醒自己，绝不能随意横穿马路，哪怕目的地看似近在咫尺，也会耐心寻找斑马线，按照指示有序通过，因为深知安全出行是第一要务。

（二）过马路看信号灯，按指示通行

来到路口，目光第一时间投向信号灯。红灯亮起，便停下脚步，静静等待，不焦急、不抢先。当绿灯闪烁，才从容起步，沿着斑马线快速通过。心里默数着秒数，步伐稳健，始终按照信号灯的指示行动。周围车水马龙，但严守规则，确保自己安全过马路。

（三）骑行戴头盔，不逆行不抢道

若是选择骑行，出门前定会检查头盔是否佩戴好。骑行在路上，遵守靠右行驶的规则，不贪图一时之快而逆行。遇到前方车辆较多时，耐心跟随，不强行抢道。在路口转弯时，提前观察路况，打手势示意，确保自己和他人的安全。

（四）驾驶机动车，依规文明驾驶

驾驶机动车进城，提前熟悉城市的交通规则。行车过程

中，系好安全带，严格按照交通标识和信号灯行驶。不随意变道，保持安全车距。遇到行人过马路，提前减速礼让。在拥堵路段，不鸣笛催促，耐心等待交通顺畅，展现文明驾驶。

二、爱护城市公共设施，彰显文明素质

（一）不攀爬雕塑，爱护城市景观

城市中，各式各样的雕塑点缀着街道和广场。路过这些雕塑，会驻足欣赏它们的艺术之美，但绝不会攀爬。明白这些雕塑是城市文化的一部分，代表着城市的形象。它们需要大家共同爱护，自己的一举一动都关乎城市景观的完整与美观。

（二）使用公共长椅，保持干净整洁

走累了，坐在公共长椅上稍作休息。起身离开时，会仔细检查是否有垃圾遗落，若有，会顺手捡起扔进垃圾桶。不会在长椅上乱涂乱画，保持它的干净整洁，让下一位使用者也能享受舒适的休息环境。

（三）不乱扔垃圾，维护城市市容

在城市的街道上，时刻注意自己的行为举止。手中的垃圾，要一直拿着，直到找到垃圾桶才扔进去。无论是果皮、纸屑还是其他杂物，都不会随意丢弃在地上。看到地上有垃圾，也会主动捡起，为维护城市的整洁市容贡献一份力量。

（四）爱护花草树木，增添城市绿意

城市的花草树木为城市增添了生机与绿意。看到娇艳的花朵、翠绿的树木，满心欢喜，但不会随意采摘或践踏。经过公

园、绿化带时，小心避让，不破坏它们的生长环境。希望这些花草树木能一直茁壮成长，为城市带来更多的美丽。

三、时刻注意言行举止，展现乡村新形象

（一）说话轻声细语，避免大声喧哗

身处城市的公共场合，无论是在商场、车站还是街道，说话都会刻意压低声音。与同行的人交流时，轻声细语，不打扰周围的人。意识到城市生活节奏快，大家都在忙碌，自己的言行应尽量不影响他人，展现出安静、文明的一面。

（二）衣着整洁得体，符合城市氛围

进城前，会精心挑选合适的衣物，确保衣着整洁得体。选择简约、大方的款式，避免过于花哨或破旧的穿着。根据不同的场合搭配服装，如去商场购物穿着休闲舒适，参加正式活动则穿着庄重。以整洁的形象融入城市，展现乡村人的精神风貌。

（三）公共场合守序，排队等候不插队

在城市的公共场合，无论是在超市结账、乘坐公共交通工具，还是进入景点参观，都应自觉排队等候。若队伍较长，也不会着急插队。耐心等待，遵守秩序，因为明白有序排队是文明的体现，能让公共环境更加和谐。

（四）与人交往礼貌，展现友善态度

在城市中与人交往，始终保持礼貌。见到陌生人，主动微笑点头示意；向人问路或求助时，使用礼貌用语“请”“谢

谢”“麻烦您”等。与人交流时，尊重对方的意见，展现出友善、热情的态度，让城市居民感受到乡村人的淳朴与友好。

第四节　交往礼仪——和谐人际关系的构建秘诀

一、充分尊重他人隐私，赢得他人信任

（一）不随意打听他人私人事务

在与他人相处时，会时刻留意自身言行，绝不随意打听他人的私人事务。像是他人的收入状况、感情生活细节，这些都属于个人隐私范畴，不会因为一时好奇就贸然询问。深知每个人都有不想被他人知晓的生活部分，保持恰当距离，尊重他人的隐私空间。

（二）他人不愿说，不强求追问

要是交流中涉及他人不太愿意谈及的话题，对方表现出犹豫或回避，会立刻停止询问，绝不强行追问。理解每个人都有自己的顾虑，不会让对方陷入为难的境地。用包容的态度对待，让对方感受到尊重与理解，日后相处也会更加自在。

（三）交谈避敏感，保护他人秘密

在日常交谈中，会刻意避开那些可能涉及他人隐私的敏感话题。如在公共场合，不提及他人曾经遭遇的挫折、失败经历，避免让他人尴尬。如果知晓了他人的秘密，应严格保守，绝不在背后议论或向他人透露，切实保护好他人的隐私。

（四）保管好信息，不私自泄露

一旦知晓他人的隐私信息，无论是偶然得知还是其他人信任相告，都会像保管珍贵物品一样妥善保管。不会因为任何原因，私自将这些信息透露给第三方。深知泄露他人隐私不仅会伤害对方，还会破坏彼此之间的信任关系，所以要始终坚守底线。

二、始终信守承诺，树立诚信口碑

（一）答应之事，一定努力做到

只要答应了别人的事情，就会将其放在心上，全力以赴去完成。无论是帮忙搬运重物，还是协助完成某项工作，都会想尽办法克服困难，按时按质完成，用实际行动兑现承诺，让对方感受到可靠与诚信。

（二）遇到困难，提前沟通说明

如果在履行承诺的过程中遇到了难以克服的困难，无法按时完成，会第一时间主动与对方沟通。诚恳地说明情况，表达自己的歉意，并商讨解决方案，绝不隐瞒或拖延，让对方了解事情的进展，共同寻找解决办法。

（三）言行一致，不做虚假承诺

在与人交往中，始终保持言行一致，不会为了迎合他人或获取好感而做出不切实际的虚假承诺。在答应之前，会充分考虑自身能力和实际情况，只有确定能够做到的事情，才会给出承诺，用实际行动维护自己的诚信形象。

（四）长期坚守，累积诚信资本

将诚信视为长期积累的过程，在每一次与他人的交往中都坚守承诺。随着时间的推移，通过一次次的守信行为，累积起自己的诚信资本，让身边的人都认可自己的诚信品质，从而建立起稳固可靠的人际关系。

三、发生矛盾冷静沟通，化解冲突促和谐

（一）矛盾突发，先深呼吸冷静

当与他人发生矛盾冲突时，情绪难免会激动，但会立刻意识到冲动无法解决问题。此时，会先深吸一口气，让自己快速冷静下来，避免在愤怒情绪下说出过激的话语或做出不理智的行为，为后续沟通解决矛盾奠定基础。

（二）倾听对方，了解事情全貌

冷静下来后，会耐心倾听对方的想法和诉求，给予对方充分表达的机会。不打断、不反驳，认真倾听对方的每句话，试图从对方的角度去理解事情的经过，全面了解矛盾产生的原因，为解决问题寻找关键线索。

（三）表达观点，平和阐述理由

在倾听完对方的陈述后，会以平和的语气表达自己的观点和看法。有条理地阐述事情的经过和自己的立场，解释自己行为的出发点和理由，让对方明白自己的想法，在平等交流中寻求共识。

（四）寻求共识，化解矛盾分歧

在双方充分交流的基础上，共同寻找解决矛盾的方法。会从双方的利益和感受出发，提出合理的建议，努力寻求双方都能接受的解决方案，化解矛盾分歧，让关系恢复和谐，避免矛盾进一步升级。

第九章 特殊场合礼仪

第一节 求职礼仪——职场大门前的形象与表达

一、精心打造求职简历，突出自身优势亮点

（一）回顾过往经历，挖掘闪光点

静下心来，仔细回想这些年的经历。从农田里成功改良种植方法，大幅提升农作物产量，到参与村里的集体项目，在组织协调中发挥关键作用，一桩桩、一件件，不放过任何一个可能出彩的细节。将那些克服困难、取得成果的经历挑出来，它们都是自身能力的证明，是简历上的闪光点。

（二）梳理技能专长，精准写详情

将掌握的技能和专长逐一梳理，包括熟练操作各类农业机械，对不同土壤特性的精准把握，以及多年积累的病虫害防治经验。将这些技能详细罗列，说明熟练程度和应用场景，如能操作的农机型号，曾用何种方法成功防治大规模病虫害，让招聘者清晰了解专业能力。

（三）参考优秀模板，优化排版面

在网上搜索大量优秀的求职简历模板，认真对比分析。学

习它们的排版布局，标题如何醒目、内容如何分区、字体字号怎样搭配。把自己的经历和技能按照合适的模板进行整理，让简历看起来简洁明了、重点突出，方便招聘者快速抓取关键信息。

（四）反复检查核对，确保无差错

完成简历初稿后，反复检查每个字、每个数据。检查经历描述是否通顺、技能表述是否准确，有没有错别字和语法错误。还会请身边细心的人帮忙审阅，从不同角度查找问题，确保简历完美无缺，给招聘者留下好印象。

二、着装正式整洁大方，展现专业职业形象

（一）挑选合适正装，注重质感搭配

前往商场挑选正装，在众多款式中，选择简约大方、线条流畅的款式。注重服装的质感，摸摸面料的质地，感受其舒适度和挺括度。搭配时，选择颜色协调的衬衫和领带或丝巾，整体风格稳重又不失干练，展现出专业的职业形象。

（二）提前熨烫平整，去除褶皱污渍

把挑选好的正装提前拿出来，用熨斗仔细熨烫。从领口、袖口到衣角，每处褶皱都不放过，让衣服平整如新。检查是否有污渍残留，若有，及时清洗处理，确保穿着整洁干净去面试，给面试官留下良好的第一印象。

（三）配饰简约得体，增添整体风采

挑选简约的配饰来搭配正装，例如，一块设计简洁的手

表，既能看时间又能增添几分精致感；一条精致的项链或领带夹，不张扬却恰到好处地提升整体气质。配饰的选择以不喧宾夺主、衬托正装风格为原则，让整体形象更加出众。

（四）出门前再审视，自信迈出家门

出门前，站在镜子前再次审视自己的着装。看看领口是否整齐、领带是否系正、鞋子是否干净。整理好着装的同时，也调整好自己的心态，给自己一个微笑，充满自信地迈出家门，去迎接面试挑战。

三、面试时礼貌应答，自信展现个人能力

（一）进门微笑问好，展现亲和力

轻轻敲门，听到回应后，推开门走进面试房间。脸上带着真诚的微笑，向面试官们问好，“各位面试官好，很高兴能来参加面试”。用温暖的笑容和亲切的问候，瞬间拉近与面试官的距离，展现出良好的亲和力。

（二）坐姿端正挺直，传递精气神

走到面试座位前，轻轻坐下，保持坐姿端正挺直。肩膀放松，双手自然放在膝盖上，不跷二郎腿，也不弯腰驼背。从坐姿上展现出积极向上的精神风貌，让面试官感受到认真和自信。

（三）听清问题再答，条理清晰讲

面试官提问时，认真倾听，确保完全听清问题。回答前稍作思考，厘清思路，然后有条理地回答。用“首先、其次、最后”等连接词，让回答逻辑清晰，内容完整，让面试官清楚了解自己的想法和观点。

（四）结合实例表述，凸显真本事

在回答问题时，结合过往经历中的实际案例来阐述。例如，在回答关于解决问题能力的问题时，详细讲述在农田遇到病虫害危机时，如何分析问题、采取措施，最终成功解决问题，通过真实案例凸显自己的实际能力和解决问题的思路。

第二节　住宿礼仪——居住空间里的和谐共处之道

一、严格遵守住宿规定，营造有序居住环境

（一）入住先读规章，牢记关键条款

刚踏入住宿地，第一件事就是找到住宿规章，逐字逐句认真研读。把关于作息时间、访客管理、设施使用规范等关键条款牢记于心，像是规定 23 时后要保持安静，严禁私自更换房间设施等，明白这些规定是维持良好居住环境的基础。

（二）按时作息起居，不扰他人安宁

严格按照住宿规定的作息时间安排生活，早睡早起。清晨，在规定的起床时间准时起床，不拖沓；夜晚，临近休息时间，就开始放缓动作，轻手轻脚，避免发出声响，确保不打扰到室友休息，让大家都能在安静的环境中养精蓄锐。

（三）遵守门禁制度，保障居住安全

每次进出住宿地，都严格遵守门禁制度。按时在门禁时间

前返回，不因为贪玩或其他原因晚归。使用门禁卡时小心谨慎，防止丢失或外借，保障居住区域的安全，让自己和室友都能安心居住。

（四）爱护住宿设施，如有损坏赔偿

对待住宿设施如同对待自家物品一样爱护。使用桌椅、电器等设施时，轻拿轻放，避免造成损坏。一旦不小心损坏了设施，主动联系管理人员，说明情况，并按照规定进行赔偿，承担起应有的责任。

二、自觉保持房间整洁，维护公共卫生

（一）每日整理床铺，衣物归位摆放

每天起床后，先把床铺整理得整整齐齐，将被子叠放成规整的形状，床单抚平，没有褶皱。换下来的衣物不随意扔在椅子或床上，而是分类归位，放进衣柜或洗衣篮，让房间看起来井井有条。

（二）定期清扫地面，清除垃圾杂物

定期拿起扫帚和拖把清扫地面，不放过任何一个角落。将地面上的灰尘、毛发和杂物清理干净，再用拖把拖洗一遍，让地面保持干净整洁。清扫时，还会顺便擦拭桌椅、窗台等，去除灰尘。

（三）垃圾及时清理，按类投放处理

产生的垃圾要及时清理，不要让垃圾在房间里堆积。将垃圾进行分类，可回收物、有害垃圾和其他垃圾分别装袋，按照

住宿地的垃圾分类规定，投放到相应的垃圾桶，为环保出一份力。

（四）开窗通风换气，保持室内清新

每天都定时开窗通风，让新鲜空气流入房间，带走室内的异味和湿气。特别是在天气晴朗的时候，打开窗户，让阳光照进房间，不仅能改善空气质量，还能让心情更加舒畅。

三、尊重室友生活习惯，避免产生摩擦纠纷

（一）观察室友日常，了解特殊习惯

在与室友相处的过程中，细心观察他们的日常生活习惯。注意到有的室友喜欢早起读书，有的习惯晚睡，还有的对饮食口味有特殊要求，默默记住这些细节，以便更好地相处。

（二）不强行改变他人，包容不同做法

即便发现室友的某些习惯与自己不同，也不会强行要求对方改变。尊重每个人的生活方式，包容室友的差异。如室友喜欢熬夜追剧，只要不影响他人休息，就理解并尊重他的选择。

（三）使用公共区域，顾及他人感受

在使用公共区域，如客厅、厨房时，应充分顾及室友的感受。使用完厨房后，应及时清理灶台和水槽，不留下油污和垃圾；在客厅活动时，控制音量，不影响室友在其他房间学习或休息。

（四）若有矛盾分歧，平和沟通化解

要是与室友之间出现矛盾分歧，应先冷静下来，然后找一个合适的时间，平和地与室友沟通。认真倾听对方的想法，也坦诚地表达自己的观点，共同寻找解决问题的办法，避免矛盾升级。

第三节　就餐礼仪——餐桌之上的文明与欢乐

一、按照座次安排入座，遵循餐桌礼仪规范

（一）观察餐桌布局，找准自己位置

来到就餐场所，第一时间环顾四周，仔细观察餐桌的布局和座位的摆放。依据当地的习俗和场合特点，快速分辨出主次位置。如果有明确的指示牌或座位卡，应按照标识找到自己的座位；若没有，也会通过观察周围人的举动，准确找到属于自己的位置，不随意就座。

（二）长辈先行动作，晚辈随后入座

留意到长辈们的动向，待长辈们开始入座时，站在一旁耐心等待。等长辈们都安稳就座后，自己再轻轻拉开椅子，缓缓坐下。入座过程中，始终保持谦逊的态度，尊重长辈的优先地位，体现出对长辈的敬重。

（三）如有特殊安排，听从主人指引

若就餐场合有特殊的座位安排，如按照身份、职位排序等，应认真听从主人或组织者的指引。不管被安排在哪个位置，都欣然接受，积极配合，确保整个就餐过程顺利进行。

（四）入座轻移座椅，保持安静优雅

在入座时，用手轻轻移动座椅，避免发出刺耳的摩擦声。将座椅平稳地拉到合适位置后，缓缓坐下，调整坐姿，保持安静优雅的状态，不影响周围人的就餐心情。

二、文明使用餐具进食，避免粗俗行为

（一）正确持刀握叉，姿势标准规范

当使用刀叉就餐时，右手持刀，左手握叉，刀刃向内，叉齿向下。切割食物时，动作轻缓，力度适中，将食物切成大小合适的块状，然后用叉子送入口中。整个过程中，保持刀叉的使用姿势标准规范，不随意挥舞。

（二）筷子使用得当，不指人不乱翻

用筷子时，用右手握住筷子，大拇指和食指夹住筷子的上端，另外 3 个手指自然弯曲托住筷子下方。夹菜时，不将筷子指向他人，也不会在菜盘中随意翻搅，而是看准目标，快速而准确地夹取适量的食物。

（三）小口咀嚼食物，不狼吞虎咽

将食物送入口中后，小口咀嚼，充分品味食物的味道。细嚼慢咽，避免狼吞虎咽，既有助于消化，又能展现出良好的修养。同时，在咀嚼过程中，嘴巴微微闭合，不发出过大的声响。

（四）食物残渣轻放，保持桌面整洁

进食过程中产生的食物残渣，如骨头、果皮等，应小心地

吐在餐具或纸巾上，然后轻轻放在餐盘的一角，不随意丢弃在餐桌上。时刻注意保持桌面的整洁，让就餐环境始终舒适宜人。

三、交谈时注意礼仪，享受愉快用餐氛围

（一）口中有食不语，咽下再开口讲

一旦口中含有食物，就应停止说话，专心咀嚼吞咽。等食物完全咽下后，再开口与他人交流，避免因口中有食物而说话导致食物喷出，或发音不清，影响他人的用餐体验。

（二）话题轻松愉快，避免敏感争议

在餐桌上与他人交谈时，应选择轻松愉快的话题，如分享生活中的趣事、聊聊最近的天气、谈谈兴趣爱好等。避免提及敏感、争议性大的话题，如政治、宗教等，以免引发不必要的争论，破坏用餐氛围。

（三）音量控制适度，不影响他人用餐

说话时，应控制好音量，既不会因声音过小让对方听不清，又不会大声喧哗影响周围其他用餐的人。保持适度的音量，让交流既能顺利进行，又不会干扰到他人，维护良好的用餐环境。

（四）眼神交流互动，增进交流氛围

在与他人交谈时，会适时与对方进行眼神交流，专注地倾听对方讲话，用眼神表达自己的兴趣和认同。当自己发言时，也会环顾四周，与在座的其他人进行眼神互动，让大家都能感

受到被关注，增进交流的氛围。

第四节　传统节日礼仪——传承民俗文化的情感纽带

一、依循传统准备祭品，延续民俗文化记忆

（一）了解节日习俗，知晓祭品种类

在传统节日来临前，认真查阅资料，向村里的长辈请教，深入了解节日的习俗。知晓不同节日对应的祭品种类，如春节祭祀祖先需要准备香烛、纸钱、丰盛的食物，端午祭祀可能会有粽子、艾草等。牢记这些传统，明白每样祭品背后的意义。

（二）提前采购物品，精心挑选准备

依据了解到的祭品种类，提前去集市采购。挑选香烛时，注重其质量，确保燃烧稳定、香气纯正；选择食物祭品，会挑选新鲜、品质上乘的。仔细检查每样物品，保证祭品符合传统要求，为祭祀做好充分准备。

（三）亲手制作祭品，融入心意情感

对于一些能亲手制作的祭品，如中秋的月饼、重阳的糕点，会用心制作。将面粉、馅料等食材精心搭配，按照传统工艺制作。制作过程中，心中满是对先辈的思念与敬意，把这份心意融入每个祭品中。

（四）摆放整齐有序，以示敬重虔诚

到祭祀时，将准备好的祭品摆放整齐。香烛放在显眼位

置，食物按顺序摆放，纸钱整理好。摆放过程中，动作轻柔，神情庄重，以整齐有序的祭品摆放，表达对先辈和传统的敬重与虔诚。

二、虔诚参与庆祝活动，感受节日浓厚氛围

（一）按时到达场地，全身心投入

节日庆祝活动开始前，早早规划好时间，提前到达活动场地。一到现场，就被热闹的氛围感染，全身心投入其中。无论是舞龙舞狮还是庙会集会，都积极参与，感受节日的欢乐与热闹。

（二）遵循活动流程，不擅自离队

在参与活动时，严格遵循活动流程。跟着队伍前进，观看表演时遵守秩序。如在游行活动中，不擅自离队，按照既定路线行进，维护活动的有序进行，也更好地融入节日氛围。

（三）跟唱传统歌谣，共庆节日欢乐

当现场响起传统歌谣，可跟着大家一起哼唱。无论是欢快的春节歌谣，还是悠扬的中秋古曲，都饱含深情地歌唱。用歌声传递节日的喜悦，与众人一同庆祝节日的欢乐。

（四）拍照记录美好，留存节日记忆

活动过程中，会用手机或相机拍照留念。拍下精彩的表演瞬间、热闹的人群、特色的装饰，将这些美好的画面保存下来。日后翻看，能清晰回忆起节日的欢乐，留存珍贵的节日记忆。

三、向长辈行礼祝福，传承尊老敬老美德

（一）节日当天早起，向长辈问安

节日当天，早早起床，整理好着装，精神饱满地去向长辈问安。见到长辈，面带微笑，热情地说："节日好！"让长辈感受到关怀与温暖，开启温馨的节日一天。

（二）行传统礼节，表达感恩祝福

按照传统习俗，向长辈行相应礼节。春节时，可能会行拱手礼、鞠躬礼，同时送上真诚的祝福，感谢长辈的关爱与教导，祝愿长辈健康长寿、幸福安康。

（三）聆听长辈教诲，时刻铭记于心

长辈们讲述过去的故事、人生经验和节日传统时，会认真聆听，不打断。把长辈的教诲铭记于心，从中汲取智慧，传承家族的价值观和传统。

（四）陪伴长辈左右，共享节日温馨

一整天都陪伴在长辈身边，陪他们聊天、看节目、参与活动。为长辈递上茶水、食物，一起享受节日的温馨氛围，让长辈感受到陪伴的快乐。

主要参考文献

董建强，赵胜亭，牟晓卉，2024. 农民素质素养提升培训手册［M］. 北京：中国农业科学技术出版社.

吕东条，张燕平，朱光荣，2024. 新时代农民素质素养提升必读［M］. 北京：中国农业科学技术出版社.

王慧，应苗红，2024. 农业经理人职业基础知识［M］. 成都：西南交通大学出版社.

王瑶，2023. 新农人智慧与素养［M］. 南宁：广西科学技术出版社.

中国农业科学技术出版社
官方微信公众号平台

责任编辑　白姗姗
封面设计　高　鋆

农科社官网
https://castp.caas.cn

上架建议：农业/农村读物

ISBN 978-7-5116-7503-3

定价：39.80元